中公新書 2304

飯田洋介著

ビスマルク

ドイツ帝国を築いた政治外交術

中央公論新社刊

まえがき

本書の主人公であるオットー・フォン・ビスマルク（一八一五〜九八年）は、一九世紀ドイツが生んだ最大の政治家であり、さらには当時のヨーロッパ屈指の大政治家であったと評しても恐らく過言ではないだろう。その理由は、彼が成し遂げたもの、あるいは彼がもたらしたものを見ていけば、おのずと見えてこよう。

彼の主導下で、長く分裂状態にあったドイツは国民国家として統一に導かれ、一八七一年にドイツ帝国が創建された。これに伴う三度の戦争（いわゆるドイツ統一戦争）の結果、デンマークは前近代から続いてきたシュレースヴィヒ・ホルシュタインとの紐帯《ちゅうたい》を解消された。また、神聖ローマ帝国以来ドイツを構成してきたオーストリアはそこから除外され、さらに二重君主制（アウスグライヒ体制）へと体制変動を余儀なくされた。そしてフランスは、第二帝政が崩壊して新たに第三共和政が発足し、敗戦と領土喪失の経験からドイツに対して激しい復讐《ふくしゅう》心を抱くことになる。これがその後の独仏対立を招き、第一次世界大戦の重要な

オットー・フォン・ビスマルク
(1815～98)

伏線となったことは周知のとおりである。

だが、ビスマルクが成し遂げたもの、あるいはもたらしたものはこれだけではない。彼の下で、ドイツ帝国の首都ベルリンは国際政治の中心地となった。彼の巧みな外交政策によって、ドイツを中心に「ビスマルク体制」と称される一大同盟網が形成された。かの地で彼が主催した二度の大規模な国際会議によって、バルカン半島をめぐるヨーロッパ列強間の戦争は回避され、アフリカ大陸における列強間の植民地をめぐる対立も一時的ではあったが平和裏に調停されたのである。

ドイツ国内に目を向ければ、彼によって帝国レベルにおける普通選挙制度や近代的な社会保険制度が導入され、教育をはじめ市民生活の世俗化が推し進められ、二〇世紀に本格的に到来する大衆民主主義への道筋がつけられた。さらに、彼の下でドイツは、当時の他のヨーロッパ列強と同様に海外植民地保有国となった。パプアニューギニアには、現在も彼の名を冠した諸島が存在している。だが、こうしたドイツ植民地政策は、後に帝国主義の潮流下で「世界政策《ヴェルトポリティーク》」と連動し、第一次世界大戦を招きよせる大きな原因ともなってしまう。

このように見ると、一九世紀後半から第一次世界大戦に至るまでのドイツ、さらにはヨーロッパの歴史において、ビスマルクは避けて通ることのできない存在であり、彼の功績並びに影響力は多大なもので、決して看過することはできないであろう。

圧倒的なまでの彼の存在感・影響力は、決してドイツやヨーロッパにとどまるものではなかった。明治維新後のわが国の歴史を見れば、岩倉使節団（一八七一～七三年）の経験もあって、大久保利通や伊藤博文、さらには山県有朋といった明治の元勲《げんくん》が畏敬《いけい》し憧《あこが》れ、あるいは批判的な眼差しを向けながらも、近代化を推し進める上でビスマルクを重要なモデルとして位置づけていたことはよく知られている。清朝中国においてもドイツへの関心は高く、一八九六年に李鴻章がロシア皇帝ニコライ二世の戴冠《たいかん》式の後にフリードリヒスルーに隠棲《いんせい》しているビスマルクをわざわざ訪れ、日清戦争後の中国のあるべき方向性について助言を求めている。こうして見ると、各国によって程度の差こそあるかもしれないが、ビスマルクという人物はアジアにおいても少なからぬ影響力を有しており、まさに一九世紀の世界史を見ていく上で決して無視できない巨大な存在であったと評価することができよう。

だが、ビスマルクの評価をめぐってはこれまでに大きな揺れ動きが見られ、歴史学界では「ビスマルク問題」として激しい論争が展開されてきた。第二次世界大戦直後までは、彼が退陣した直後に生じたビスマルク崇拝の現象、いわゆる「ビスマルク神話」（詳しくは第Ⅷ章を参照）の影響もあって、ドイツを建国した国民的「英雄」、さらには「英霊」としてビスマルクを賛美に近い形で評価するのが圧倒的であった。だが、第二次世界大戦後から彼を批判的に評価する研究が目立つようになり、一九六〇年代後半以降になると、議会主義を抑制し、ナチズムにも通じるような支配構造を築いたとして、彼を「悪霊」あるいは「ヒトラーの先駆者」として断罪するものすら見受けられた。

ビスマルク生誕二〇〇年の節目にあたる二〇一五年現在、揺れ動き続けたビスマルク評価は大分落ち着きを見せている。多少の例外こそ見られるものの、かつてのように彼を英雄視して著しく称賛するものもなければ、ヒトラーと直接結びつけて断罪するものもほとんど見受けられない。彼を取り巻く時代状況のなかでその人物像に迫るか、あるいはある特定のテーマを設けてそのなかで彼を捉《とら》え直そうとするのが主流となっている。ここへきてビスマルクは神話からも「ドイツの悲劇」に絡む呪縛《じゅばく》からも（完全にとまではいかないが）解放され、「英霊」でも「悪霊」でもなく、ようやく一人の人間・政治家として見なされるようになったのである。

こうした事情のゆえに、今日に至るまでに膨大な数のビスマルク研究が存在する。著者の手元にビスマルクに関する史資料の文献目録があるのだが、刊行された一九六六年の時点で二五九ページ、六一三八点に及んでいるのだから、今日では一体どれほどの数に上っているのか見当がつかない。

研究の充実ぶりは、彼を形容する表現の多様さからも見て取れよう。本人の発言に由来する「鉄血宰相」や「誠実なる仲買人」をはじめ、「帝国創建者」「国民的英雄」「英霊」「悪霊」「デーモン」「現実政治家」「上からの革命家」「白色革命家」「魔法使いの弟子」「闘士」「生粋《きっすい》のプロイセン人」「大プロイセン主義者」「ボナパルティスト」「カリスマ的指導者」「至高なる自我の持ち主」など、今日もはや通用しなくなっているものも含め、著者が思いつく主要なものだけでもこれだけある。さらに細かく見ていけば恐らく他にもいろいろあるだろうし、今後も増えていくかもしれない。こうした数々の表現に著者は異論を唱えるつもりはない。だが、本人の具体的な功績に基づくものは別として、これらはある時期や場面に限定すれば確かに妥当であっても、彼の生涯すべてを網羅《もうら》するものかと問われると首を傾《かし》げざるを得ない。恐らくは何かある特定の異名でもって、ビスマルクという一人の人物を描きることなど到底できるものではないのだろう。

本書はこうした問題意識の下、何かある特定の異名にこだわって再評価することはせず、近年の研究成果を踏まえつつ、ビスマルクがどのような人物であったのか、等身大の彼の姿に迫っていくことを目的としている。その際、本書では、すでに数多くの先行研究が異口同音に主張していることだが、ビスマルクという人物の二面性に着目したい。彼が成し遂げようとしたことと、結果的に成し遂げたことを対比すると、彼が生まれ育ったそれまでの時代の伝統的な価値観と、それに真っ向から相対する、新たな時代潮流に合致した革新的な要素が入り交じっている。しかもこれら二つは、どちらか一方が他方を支配するというのではなく、いわば車の両輪であるかのように相互に補い合いながら、ビスマルクの立身出世を助け、さらには数々の政策を生み出してきたのである。本書では、この二面性が彼の類稀《たぐいまれ》な政治外交術にどのように反映され、彼の生涯と功績を形作っていったのか、この点に留意しながら議論を進めていきたい。

ビスマルクの脱神話化が進むなかで、彼がいかにナショナリズムという新たな時代潮流とは異質な存在で、旧態依然たるプロイセンのユンカー上がりの政治家であったか、いかに「急場しのぎ」の連続で事態を乗り切ってきたかが明らかにされ、その「政治的天才」というイメージとはかけ離れた、絶対的な存在ではない彼の姿が浮き彫りにされつつある。近年ビスマルク伝を著したJ・スタインバーグの論法を借りるならば、彼は絶対的な君主でもなければ独裁者でもなく、国王に仕える一介の臣下でしかなかった。議会与党の指導者でもなければ軍の中枢にいたわけでもなく、古い貴族の家系ではあったが、プロイセン王国下の最大権門の家柄であったわけでもない。だが、そのような絶対的な存在ではなかった彼が、プロイセンの首相に就任し、冒頭で示したような数々の「偉業」を成し遂げたのである。

なぜプロイセン君主主義を遵奉《じゅんぽう》し、ドイツ・ナショナリズムとは異質な存在であったビスマルクにドイツ帝国創建が可能であったのか。なぜ誕生したばかりで不安定なドイツ帝国の宰相であったビスマルクに、当時の国際政治を主導することが可能であったのか。また、なぜ彼はその立場を二〇年以上にわたって維持し続けることができたのか。八三年にわたる彼の生涯を辿《たど》りながら、これらの問題を彼に内在する二つの相反する要素に着目しながら解明していくことが、このささやかなビスマルク伝が目指すところである。

目次

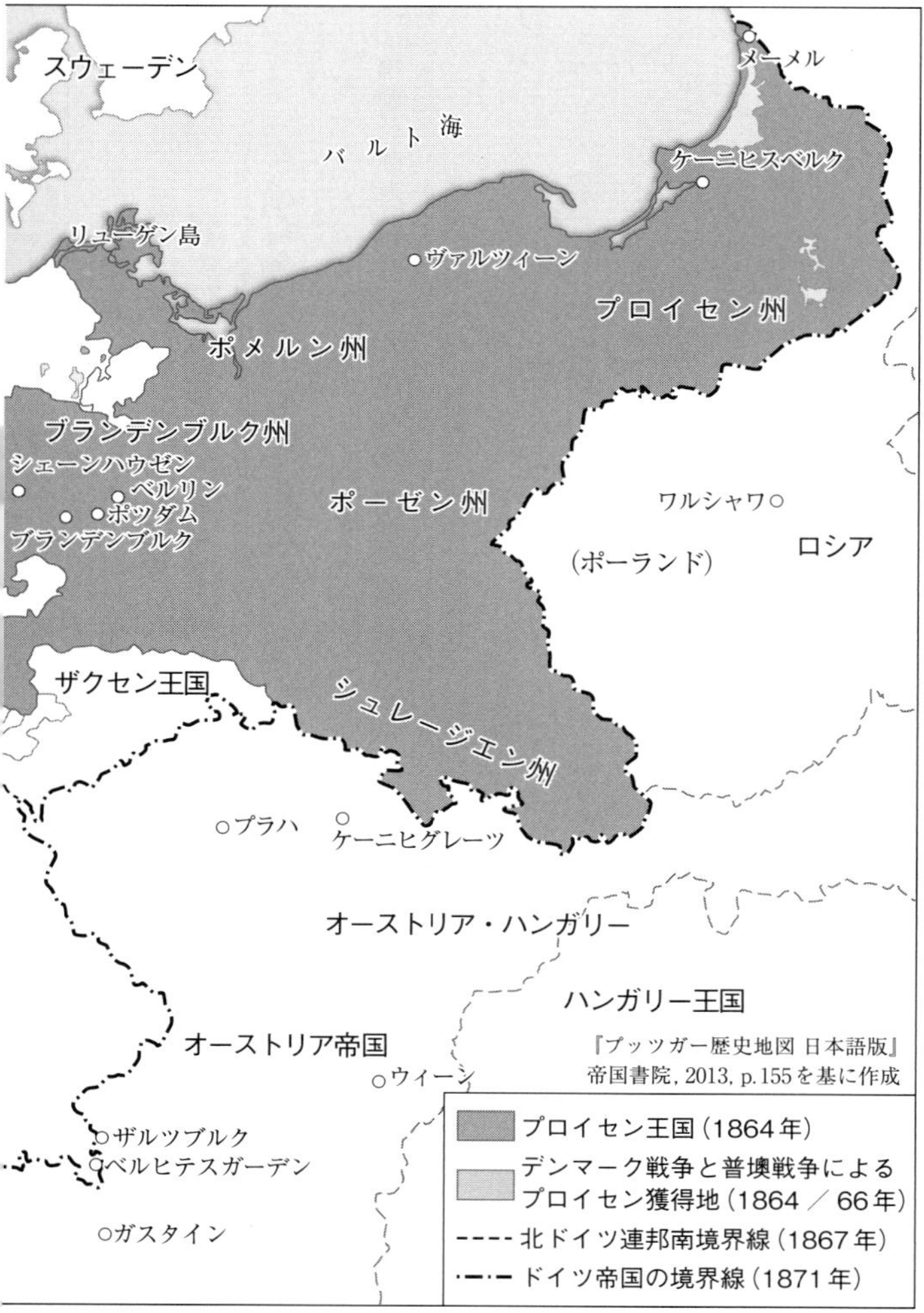
スウェーデン
バルト海
メーメル
ケーニヒスベルク
リューゲン島
ヴァルツィーン
プロイセン州
ポメルン州
ブランデンブルク州
シェーンハウゼン
ベルリン
ポツダム
ブランデンブルク
ポーゼン州
ワルシャワ
(ポーランド)
ロシア
ザクセン王国
シュレージエン州
プラハ
ケーニヒグレーツ
オーストリア・ハンガリー
ハンガリー王国
オーストリア帝国
ウィーン
ザルツブルク
ベルヒテスガーデン
ガスタイン
『プッツガー歴史地図 日本語版』
帝国書院, 2013, p.155を基に作成
プロイセン王国（1864年）
デンマーク戦争と普墺戦争による
プロイセン獲得地（1864／66年）
北ドイツ連邦南境界線（1867年）
ドイツ帝国の境界線（1871年）

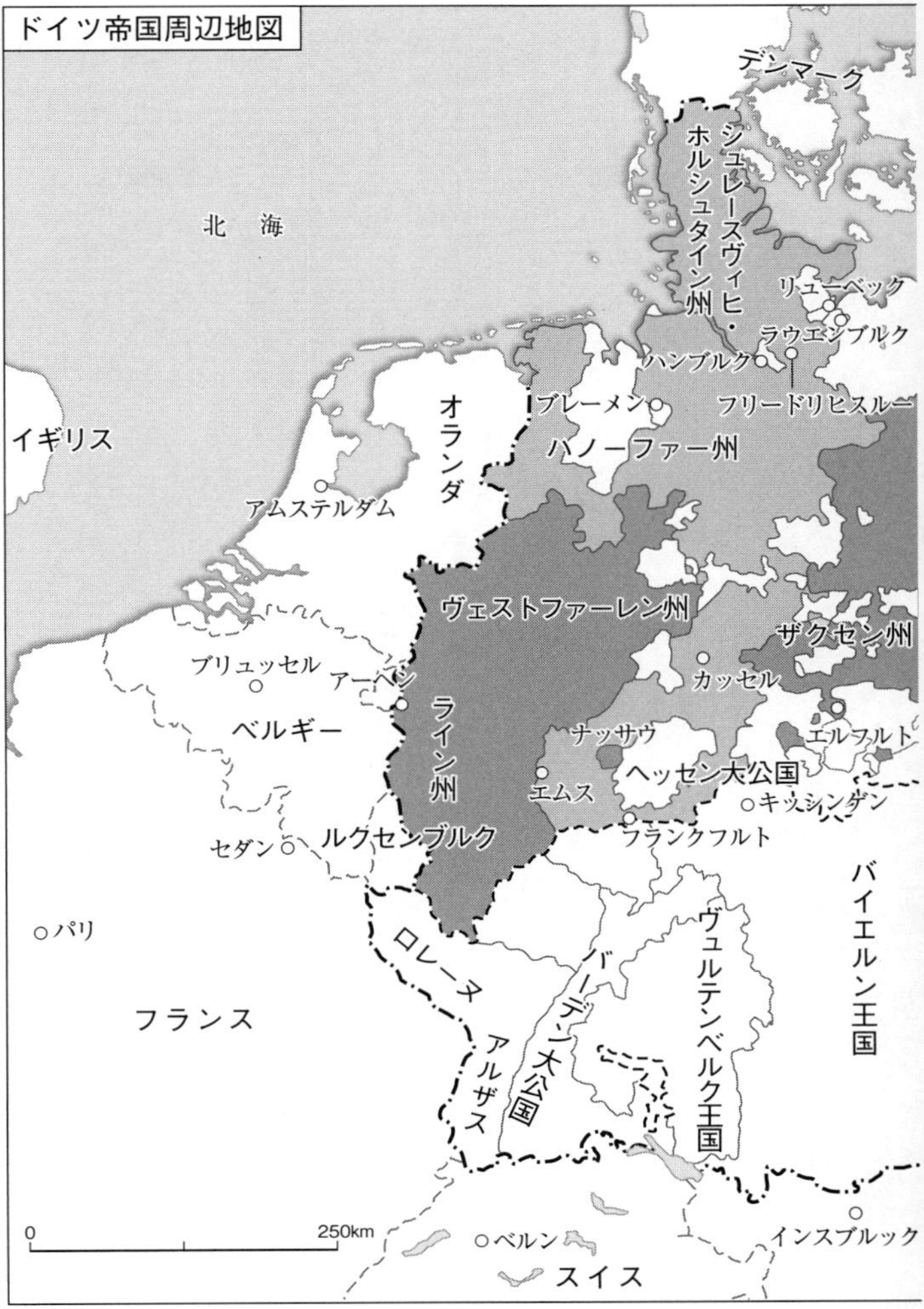
ドイツ帝国周辺地図
デンマーク
シュレースヴィヒ・ホルシュタイン州
北 海
リューベック
ラウエンブルク
ハンブルク
フリードリヒスルー
ブレーメン
オランダ
イギリス
ハノーファー州
アムステルダム
ヴェストファーレン州
ザクセン州
ブリュッセル
アーヘン
カッセル
ベルギー
ライン州
ナッサウ
エルフルト
エムス
ヘッセン大公国
キッシンゲン
フランクフルト
セダン
ルクセンブルク
バイエルン王国
パリ
ロレーヌ
ヴュルテンベルク王国
バーデン大公国
フランス
アルザス
0
250km
ベルン
インスブルック
スイス

第I章　「破天荒なビスマルク」として——ある若きユンカーの苦悩

Als der „tolle Bismarck“: die Leiden eines jungen Junkers（1815–47）

対照的な両親の下で

シェーンハウゼンはマルクブランデンブルク地方にある小村で、ベルリンから一〇〇キロほど西に行ったところにある。本書の主人公オットー・エドゥアルト・レオポルト・フォン・ビスマルク＝シェーンハウゼンは一八一五年四月一日、この地で大農場を経営するフェルディナントとその妻ヴィルヘルミーネの第四子（上の二人は早世していたので実質的には次男）として生まれた。

ビスマルク家は一般的にはユンカーと呼ばれる、エルベ川以東で大農場を経営する地主貴族の家系であり、その起源を一四世紀にまで遡《さかのぼ》ることができる由緒ある家柄であった。ちなみに、この地を治めるプロイセン王国にあって、ユンカーは地域社会に君臨し、政治・軍事の要職を占めるなど、非常に大きな影響力を有していた。そのような政治的環境のなかにあって、ビスマルク家も代々プロイセン軍の将校を輩出してはきたが、要職を務めるようなことはほとんどなかった。

ビスマルクの父フェルディナントは単純で朴訥《ぼくとつ》とした、人のよい性格をした人物で、祖先の例に倣って騎兵将校を務めた後は農場経営に勤《いそ》しむ、一介の平貴族・田舎ユンカーといったところであった。そのような「ユンカーの世界」に生きる父親をビスマルクは後年、生涯の伴侶《はんりょ》となるヨハナに対して次のように述懐したことがある。

　父を私は本当に愛していました。彼がいないときに、私は自分のとった態度を後悔し、態度を改めようと決意したのですが、それもあまり長続きしませんでした。父の真に際限のない、無私の温厚な優しさに対して、私はどれほど頻繁に冷たく、そして不機嫌にあたってしまったことか、そして私は、自分ではそのように判断できるはずもないのに〔父の〕軟弱そうな感じを見ると、内心冷酷で思いやりのない気持ちになり、自分の体裁を損なうことと結びついて苛立っているだけなのに、そんな自分なりの体裁を傷つけたくない一心から、しばしば父を愛しているふりをしたのです。（一八四七年二月二三日付、GW, XIV/1, 67. 略記も含め、出典に関しては巻末の参考文献一覧を参照のこと。傍線部は『ビスマルク全集』では欠落しているため、本書ではオリジナルの書簡を用いて補完した。OBS, A-1）

ところが母親のことになると、ビスマルクは途端に冷淡になってしまう。彼は同じ手紙のなかで、次のように述べるのである。

　私の母は、それは美しい女性で、外面的な華美を愛しており、明晰《めいせき》で生き生きとした知力の持ち主でしたが、ベルリンの人たちが言うところの情け（Gemüth）というものをほとんど持ち合わせていませんでした。彼女は、私が多くを学んで一角《ひとかど》の人物になることを望んでいましたが、しばしば私の目には、私に対して厳しく冷たい人だと映りました。小さい頃私は彼女を憎んでおり、後には偽ってうまく彼女を欺いていました。（GW, XIV/1, 67; OBS, A-1）

彼の母親ヴィルヘルミーネは、代々学者を輩出するメンケン家の出身であり、彼女の父親はプロイセン王フリードリヒ大王に仕え、その後二代の王の官房顧問官を務めるなど、プロイセン王室であるホーエンツォレルン家やベルリンの知識人サークルに対してそれなりに影響力を有する人物であった。ベルリンの知的・文化的な環境のなかにあって「官僚の世界」で育った彼女は、先のビスマルクの書簡に見られるように、知的で聡明ではあったものの、神経質で虚栄心が強く、家庭的な女性とはいえなかった。

つまり、ビスマルクは極めて対照的な両親の下に生まれたことになる。ドイツの歴史家L・ガルの表現を借りるならば、彼の生い立ちは、父親が体現する「伝統的・貴族的・農村的」な世界と、母親が体現する「市民的・官僚的・都市的」な世界の狭間《はざま》に置かれ、その苦悩から両親に対して屈折した感情を抱き、どこか素直になれず内面的に疎遠になってしまうのである。

この点を彼は後日、ヨハナの父ハインリヒ・フォン・プトカマーに宛《あ》てた、いわゆる「求婚書簡」のなかで、次のように率直に述べている。「私はごく幼いときから両親の家庭と疎遠になり、そこへ完全に溶け込んだことは一度もありませんでした」（一八四六年一二月二一日付、GW, XIV/1, 46）。このような対照的な両親（と彼らが体現する世界の衝突）がビスマルクの人格形成に多大かつ深刻な影響を与えずにはいなかったことは、先行研究が異口同音に指摘するとおりである。これが後に「破天荒なビスマルク」と称されることになる彼の奇行の伏線となってくる。

ビスマルクの生まれた時代

ここでビスマルクが生まれた当時の時代背景に目を向けたい。彼の内面において両親の体現する二つの世界がぶつかり合っていたとするならば、彼を取り巻く外的環境もまた、新旧二つの時代潮流がぶつかり合う状況であった。

彼が生まれた一八一五年四月は、エルバ島から脱出したナポレオン一世による「百日天下」の最中にあった。ドイツの歴史家ニッパーダイが大著『ドイツ史』の冒頭でいみじくも「はじめにナポレオンありき」と述べているように、一九世紀のドイツを考えるにあたって、彼が与えた影響を無視することはできない。

　中世以来、ドイツの地を支配していたのは神聖ローマ帝国であったのだが、一七世紀以降この帝国は有名無実化し、オーストリアやプロイセンをはじめ、数多くの諸邦が割拠していた。ナポレオン戦争において神聖ローマ帝国が一八〇六年に滅亡すると、中央ヨーロッパ情勢は大きな変更を余儀なくされた。これらの諸邦の大半はナポレオンによって整理統合され、その数は激減した。フランスに併合されたか、あるいはライン連盟としてその勢力下に置かれたところでは、ナポレオンの主導下で国内改革・再編が進められた。他方、ナポレオンに大敗したプロイセンは、かろうじて独立を維持できたものの、国土の半分を失うなど壊滅的な打撃を受け、大国としての地位を維持することができなくなってしまった。そこで、国家を立て直すためにいわゆる「プロイセン改革」が着手され、政治・軍事・社会の分野でそれまでのシステムが見直され、（完全にとまではいかなかったが）近代的な要素が導入されたのである。

　だが、ナポレオンがドイツに与えた影響のなかで見逃せないのは、ドイツ・ナショナリズムを覚醒《かくせい》させた点であろう。ナポレオンの支配体制は、ドイツ各地にフランスへの反発と同時に、ドイツ国民としての意識を呼び起こしたのである。その結果、フランスからの「解放」を求めると同時に、ドイツ国民による統一国家の建国を目指して、ナショナリズムの動きはこの後大きく高揚することになる。

ところが、ワーテルローの戦いでナポレオンが敗北し、政治の舞台から退場した後に現れたのは「ウィーン体制」と呼ばれる新たな国際秩序であった。それはナショナリズムという、フランス革命／ナポレオン戦争によって呼び起こされ、一九世紀を通じてヨーロッパを席巻《せっけん》することになる、新たな時代潮流に合致するようなものではなかった。フランス革命以前の支配関係を復活させようとする「正統主義」でもって、一方ではナショナリズムやその担い手となる自由主義勢力を抑圧し、他方では五大国（イギリス、フランス、ロシア、オーストリア、プロイセン）を中心に、会議を通じて利害を調整していくことで、勢力均衡を維持するというものであった。「ヨーロッパ協調」と呼ばれる所以《ゆえん》である。

このときプロイセンは、列強間の領土補償に基づいて、飛び地とはなったものの（この後ドイツ最大の工業地域となる）ライン地方を獲得するなど、不自然な形ではあったが領土を拡大することに成功した。ただし、ドイツの地には神聖ローマ帝国の復活も、ナショナリズムに基づくドイツ国民国家の創設（ドイツ統一）も認められず、代わってオーストリアとプロイセンが主導する形で、約三五の君主国と四つの自由都市（神聖ローマ帝国下で諸邦と同格の地位を得た皇帝直属の自治都市のことで、ここではナポレオン戦争で生き残ったフランクフルト、ハンブルク、リューベック、ブレーメンを指す）から成る国家連合組織として「ドイツ連邦」

が成立することになった（詳しくは第Ⅲ章を参照）。

ここに成立したウィーン体制は、国際政治の観点から見れば、確かに「ヨーロッパ協調」と称される一応の平和をヨーロッパにもたらした、画期的な国際秩序であったかもしれない。だが、ドイツにあっては革命以前の「旧体制《アンシャン・レジーム》」の論理に基づく復古的な保守反動体制であり、ドイツ統一を求めるナショナリズム運動は弾圧の憂き目にあう。まさに伝統的・保守反動的な古い時代潮流と、フランス革命以前の支配原理に対抗するナショナリズムという新たな時代潮流が激しくぶつかり合う時代状況のなかで、ビスマルクは多感な青年期を過ごしたのである。

母親の教育方針の下で

少年ビスマルクの進路とそれに伴う教育方針の主導権を握ったのは、温厚で朴訥な父親ではなく、華やかで虚栄心が強く、知性の面ではるかに夫よりも勝る母親の方であった。彼女は、自分の息子が夫のような梲《うだつ》が上がらない田舎ユンカーにではなく、自分の父のような政府高官になってほしいと望んでいた。

彼女の教育方針の下、ビスマルクは六歳のときに、兄ベルンハルトと同様にベルリンのプラーマン寄宿学校に送り込まれることになった。ここでの六年間は彼にとっては相当過酷なものであり、彼はいつも自分が幼少期を過ごしたポメルン地方（現在のドイツ東北部とポーランド西北部一帯に広がる、バルト海に面した地域で、プロイセン王国の州の一つ）にあるクニープホーフ（従兄《いとこ》の死に伴って父親がこの地を相続し、一八一六年春に一家はここに移り住んでいた）への想いを募らせていた。彼は後年このときのことを、一向に衰えを見せぬ嫌悪感を込めて次のように述懐している。

私の幼年時代はプラーマン校で台無しにされてしまったのだが、そこは私にはまるで監獄のようであった。そのため、幼き私は当然のことながら歪《ゆが》められてしまった。〔……〕窓から牛車が轍《わだち》を刻んでいるのを見るたびに、クニープホーフが恋しくて泣かずにはいられなかった。（一八六四年六月一八日のコイデルとの対談より、Keudell, 160f.）

一八二七年になると、少年ビスマルクはようやく「監獄」生活から解放される。一二歳のとき、彼は（大学進学を念頭に入れた）古典語重視の中等教育機関であるギムナジウム（最初はベルリンのフリードリヒ・ヴィルヘルム・ギムナジウム、その三年後には同じベルリンにあるグラウエン・クロスター・ギムナジウム）に籍を移した。ベルリンでは両親が用意した住居に兄や家政婦と共に暮らすようになり、彼を取り巻く外的環境は大きく変わった。だが、この時期を振り返るときも、彼はどこか冷笑的なところがあった。晩年に著した回想録『思うこと、思い出すこと』（詳しくは第Ⅷ章を参照）のなかでさえ、彼は自分のことを「わが国の教育の標準的な産物」（回想録より、GW-NFA, IV, 5）と述懐するほどである。

この時期に特筆すべきことがあるとすれば、それは家庭教師の尽力もあってか、彼がフランス語を完全に物にするだけでなく、英語も流暢《りゅうちょう》に話せるようになった点であろう。この語学の能力は、後に彼が政治・外交活動をするようになって初めてその真価を発揮することになる。

破天荒な大学生活

一八三二年四月にアビトゥーア（卒業・大学入学資格試験）に合格すると、彼は母親の敷いたレールから逸脱することができず、五月にゲッティンゲン大学に進学し、そしてその翌年の秋からはベルリン大学に移った。当時プロイセンでは官吏任用試験制度が導入されており、身分や門地にかかわりなく試験に合格すれば官吏になれる道が開かれていた。だが、その受験資格を得るには大学で法学を一定期間専攻する必要があった。そのため、彼もまたこれらの大学で法学と国家学を学ぶことになるのだが、彼を講義室で見かけることはほとんどなかった。

大学生になってからの彼は、母親からの「解放」を満喫するかのように、ある同郷会に所属して酒盛りと決闘に勤しむようになった。フェンシングの名手でもあった彼は、決闘で数々の相手を打ち負かし、その「武勇伝」を兄に誇らしく伝えることもあった。大きな愛犬を従えては奇抜な服装で街を闊歩《かっぽ》し、居酒屋で酒を呷《あお》り、借金を抱え、決闘や喧嘩《けんか》に明け暮れるといった振舞いから、ゲッティンゲンでは名物学生の一人に数えられていた。ときにはこうした乱痴気《らんちき》騒ぎの度が過ぎてしまい、大学当局から禁足処分を受けることもあった（ゲッティンゲン大学の学生牢《ろう》にある数多くの落書のなかにビスマルクのものもある）。

彼のことをよく知る数少ない親友の一人に、アメリカ人学生ジョン・L・モトリー（後にアメリカ合衆国の外交官となり、オランダ史研究者としても名を馳《は》せる）がいる。同じ大学に通うモトリーは、学生時代をモチーフに描いた青春小説『モートンの希望』（一八三九年）を著すのだが、このなかに「オットー・フォン・ラーベンマルク」という人物が登場する。この人物のモチーフこそが、存命中のビスマルクにインタビューしたこともあるというドイツの歴史家E・マルクスが指摘するように、当時のビスマルクであった。

彼はとても若く、「狐《きつね》」［初年度の学生を指す俗語］にしても若く、私がここで記している時期には、まだ一七歳にも達していなかった。彼は早熟で、私が知る誰よりもあらゆる面でずば抜けていた。〔……〕彼はすらりとして、まだ大人の体つきではなかったが、背は高かった。彼の服装はゲッティンゲンのファッションでは極端なものであった。襟《えり》やボタンのない、色褪《あ》せ型崩れしたぼろぼろのコートを身にまとい、ひどくだぼだぼなズボンを穿《は》き、靴に至っては鉄の踵《かかと》とごつい拍車がついていた。ネクタイ要らずのシャツの襟は肩のところで折れ曲がり、髪の毛は耳や首のあたりまで伸びていた。ささやかに伸ばした、はっきりとしない色の髭《ひげ》が彼の面持ちを作り、腰には巨大なサーベルを差している。それが彼の出で立ちであった。彼は名前の前に「フォン」をつけているが、カール大帝の時代以前に男爵に叙されたボヘミアの家系であり、人差し指に盾の紋章の入った指輪をしていた。オットー・フォン・ラーベンマルクとはそのような若者であり、運がよければ名を馳せ、名声を獲得できるであろう。(Motley, I, 125–127)

一見すると、ラーベンマルク(ビスマルク)は奔放で野放図な生活を楽しみ、そこに「自由」なり「生」を見出そうとしているようだが、それはあくまでも彼の一面でしかない。モトリーはその点を見逃さず、次のように記している。

「そこに座ってくれ」と部屋に入ったラーベンマルクはベルトを外し、ピストルと刀剣を床に放り投げてこう言った。「しばらくの間おどけるのをやめて理性的になるか。評判通りにし続けるのも結構うんざりするからな」(Motley, I, 162)

そのような名物学生ビスマルクが唯一といっていいほど熱心に受けた講義がある。ゲッティンゲン大学で受けた歴史家アーノルト・ヘーレンのそれである。彼の講義は、ヨーロッパ各国の国勢や歴史に関する考察に加え、とりわけ個々の国家の目標や利害の絡まりを解きほぐしながら、国家間の関係を一つの機能しうる国際関係のシステムと見なすことで、そこに合理性と予測可能性を見出そうとするものであった。ビスマルクが「外交」というものを強く意識し、彼の政治観・外交観を形成する上で、ヘーレンの講義が多大な影響を与えたと見てよいであろう。L・ガルにいわせれば、彼が興味関心を抱いた講義が(その後のベルリン大学時代も含めて)ヘーレンのそれ以外になかったからこそ、なおのことそういえるのである。

官吏からユンカーへ

一八三五年五月、二〇歳のときにビスマルクは官吏任用の第一次国家試験を受験し、それに合格した。そして彼は、その翌月から司法官試補見習としてベルリンの裁判所に勤務することになった。

これは果たして彼が母親の切望する道を受け入れた証《あかし》なのだろうか。学生時代、彼は自分と同じ同郷会に属していたグスタフ・シャルラッハに対して「目下僕の計画は、もう一年ここにとどまることだ。それからアーヘンの県庁に行って、二年経《た》ったら外交官試験を受ける。その後は運命の手に身を委《ゆだ》ねるさ」（一八三四年五月五日付、GW, XIV/1, 5）と自らの進路を述べている。だが、その一方で彼は同じ時期に同じ相手に対して、ユンカーとして田舎に引き籠《こも》った生活を送りたいとも漏らしている。まさに「父親の世界」と「母親の世界」が彼のなかでせめぎ合っていたのがはっきりと見て取れよう。

そしてこのときは、結果的には後者の方に分があった。彼は官吏への道を進んだ。だが、それは彼の「生」にとって満足のいくものではなかった。彼は試験合格後すぐにシャルラッハに、その心情を率直に漏らしている。

僕の生活はよく見ると、実際には幾分悲惨だよ。日中は気乗りのしない勉強をやり、晩には宮廷や官僚たちとのパーティで楽しそうに振舞っている。僕はそんなものを喜んだり求めたりする奴（Schulenburg）ではないのにね。目指している目標がどれほど完璧《かんぺき》な形で達成できたとしても、つまりドイツで一番長い称号や一番大きな勲章をもらって、最も驚嘆すべき高貴な身になったとしても、このような生活をしていたら肉体的にも精神的にも萎《しな》びてしまって、僕には到底それを埋め合わせられるとは思えない。ペンを鋤《すき》に換え、学生鞄《かばん》を狩猟袋に換えたいとしばしば思ってしまう。(一八三五年六月一八日付、GW, XIV/1, 6)

一八三六年六月、猛勉強の末にビスマルクは、官吏任用の第二次国家試験を受験し、見事それに合格してアーヘン県庁に行政官試補として配属された。だが、それでも彼の心境は変わらなかった。

こうした心理状態が彼を恋愛に走らせたのかもしれない。着任早々に彼はクリーヴランド公爵夫妻の姪《めい》と称するローラ・ラッセルと、そして彼女との婚約同然の関係が解消すると、今度は彼女の友人であるイギリス人牧師の娘イザベラ・ロレイン＝スミスと激しい恋に落ち、そして実を結ぶことなく終わった。これらの失恋がビスマルクに与えた影響は心理的なものにとどまらなかった。いずれの恋愛でも、彼はその時々の女性並びにその家族と共に各地を「豪遊」して回り、休暇と(旅先の博打《ばくち》も手伝って)金銭を使い果たしたのである。彼に残されたものは、膨れ上がった無断欠勤の日数と借金だけであった。

こうした事情から彼は職場に戻れなくなり、一八三七年秋に勤務先をポツダム県庁に変更した。その翌年三月には一年志願兵として兵役に就いたのだが、その後彼は癌《がん》に侵されていた母親を説得して、官吏の道に戻らずに「ユンカーの世界」に入ることを決心した。多額の借金に加え、母親の病気と死（一八三九年一月）が、ビスマルクに「父親の世界」への道を切り開かせたのである。

彼は退官後、父親から農場を譲り受け、当初は兄と共にクニープホーフを中心にポメルン州にある三つの農場を経営することになった。後に兄が農場のあるナウガルト郡の郡長に選出されると、彼は三つのうちクニープホーフと他一つを手に入れ、さらに一八四五年に父親が亡くなると生誕地シェーンハウゼンを相続し、翌年にはそこに移り住んだ。こうして彼は二〇代半ばに、幼少期から常に心の片隅にあって、時折憧れの眼差しを向けていたユンカーになったのである。

「自分に地主ユンカーとなる必然性はなかったと私も思っています」。彼はこのときの心境を、自分の転身に対して翻意を促そうとする従姉《いとこ》テオドール・フォン・ビスマルク＝ボーレン夫人カロリーネに説明している（後日彼はその写しを父親に送っており、本書の引用部分はそれに基づいている。ちなみに、その九年後には婚約者ヨハナにも同様に送っている）。だが「自分は生まれつき商人や官僚には向いていない」し、何よりも「私の名誉欲は命令することよりも、服従しないことを求めているのです」と述べた上で、これまでに先行研究で何度も引用されてきた、あの有名な一節が展開される。

プロイセンの官吏はオーケストラの団員に似ています。第一ヴァイオリンであろうとトライアングルであろうと、その人は全体を見通せず、また全体に影響を与えることもなく、自分に割り当てられたパートを、自分の気に入ろうと入るまいと、そのとおり演じねばならないのです。ですが私は、自分がよいと思う音楽をやりたいのです。さもなければ全くやるつもりはありません。（一八三八年九月二九日付父親宛、GW, XIV/1, 14f.）

まさに「至高なる自我」というべきか、ビスマルクの強烈な自尊心が垣間見られる瞬間といえよう。先行研究のなかにはこの言葉を真に受けて、彼が早くから「大物ぶり」を発揮していたと評するものもあるが、それは偉人伝によく見られるような、その後の彼の生涯を強く意識した過大評価というものであろう。こうした発言の背景には、抱え込んでしまった多額の負債のゆえに、思わぬ形で官僚の出世コースから逸脱してユンカーに転身したわが身を（借金という理由には触れずに）正当化しようという意図があったと理解した方がより適切であろう。

自己崩壊の危機

こうして始まったビスマルクのユンカー生活は、当初は順調なものであった。自ら帳簿をつけ、さらには牧草栽培をはじめ、実用書を読み、農場経営や農業技術に関する知識を吸収し、周囲の農場主の驚愕《きょうがく》と敬意を勝ち取っていった。そして、ユンカーとしての身分意識を強く自覚し、ユンカーが長年有してきた所領内での領主裁判権をはじめとする（時代錯誤的な）封建的諸制度の存続に強い意欲を示した。その一方、領内の農場労働者に対しては、旧東ドイツの歴史家E・エンゲルベルクの表現を借りれば、長靴で踏みつけず、怒鳴ったり罵《ののし》ったりせず、叱《しか》るときは土地言葉にあわせた粗野な言い方をするなど、親しみやすく陽気に接していた。こうした経営手腕は、農場を相続した段階で負っていた負債や未払いを完済していくなど、なかなかのものであった。

だが、農場経営とユンカー生活が軌道に乗っていくのに反して、彼の内面は次第に蝕《むしば》まれていった。田舎の農場生活に物足りなさを感じていたのは明らかなのだが、それ以上に深刻だったのは、周囲のユンカーがビスマルクと釣り合いがとれず、彼が激しい孤立感を抱くようになったことである。「破天荒なビスマルク」という異名が彼に捧《ささ》げられた。確かに、彼の破天荒ぶりは何もこのときに始まった話ではなく、学生時代にも似たような生活を送っていた。だが、学生時代の頃とは異なり、このとき彼の周囲には、モトリーやベルリン時代の親友アレクサンダー・フォン・カイザーリングのような、彼を理解し、そして「まともに」話をすることができる仲間がいなかったために、話はより深刻であったのである。そもそもポメルンのような片田舎でそれを期待するのは無理な話であった。

一八四一年、同じポメルン州にある小村パンジンの裕福な農場主の娘オティーリエ・フォン・プトカマーと恋に落ちたのだが、彼女の母親によって侮辱的に交際が拒絶されると、一層拍車がかかってしまった。熱心な読書家ではないにもかかわらず読書の範囲を実用書以外にも広げてみたが（シェークスピアやバイロン、ゲーテ、シラーに加え、ウーラントやハイネの抒情詩《じょじょう》、スピノザや青年ヘーゲル派の哲学書など）、それも彼の深刻な状況を打開するまでには至らなかった。環境を変えるべく一八四四年に再びポツダム県庁に宮仕えしようとするも、わずか数週間しか続かなかった。

この頃の生活の様子を、彼はかつての学友シャルラッハに次のように述べている。


ここに来てからというもの結婚もせず、とても孤独な二九歳の身、身体的には健康を取り戻したものの精神的にはかなり無感覚であり、きちんと仕事はやるけれど、特に関心があるわけでもなく、配下の者たちの生活を彼らなりに心地よいものにしてやろうとするのだが、そんな彼らに僕は騙《だま》されるに任せている有様だ。午前中は機嫌が悪いのだが、食事後にはとても愛想よくなる。私の周囲には犬と馬と地主ユンカーの連中だけ。そして彼らの間では、僕はちょっとは名望を得ているのだけど、それは僕が文章を易々《やすやす》と読め、いつも男っぽい身なりをし、おまけに狩りの獲物を肉屋のように正確に解体し、物おじせず落ち着いて馬に乗り、とても強い煙草《たばこ》を吸い、愛想よく、だが容赦なく客たちを酔いつぶしているからなのだよ。（一八四五年一月九日付、GW, XIV/1, 31）

かつて「母親の世界」では自分を満足させられなかったから、「父親の世界」に身を投じたはずであった。だが、ここでもまた彼は自分の思い描いた居場所を見出せずにいた。しかも、彼には避難先がもはや残されていなかったため、なおさら彼の精神的苦痛は尋常ならざるものであった。このとき彼は、生涯で最大の危機を迎えていたのである。

ビスマルクの生涯を概観して気づくことは、彼はこの後も公私にわたって幾度も危機に直面するのだが、そのようなときに限って必ずといっていいほど「外からの刺激」が彼にプラスに作用し、それによって危機を克服していくという点である。

このときの「外からの刺激」は彼の幼馴染《おさななじみ》モーリッツ・フォン・ブランケンブルクからもたらされた。ビスマルクと同じ農場経営者にして保守派の議員としても活動していた彼は、ルター派のドグマ信仰を批判して聖書への素朴な信仰と禁欲・敬虔《けいけん》さを重視する敬虔主義のサークルに属していた。このとき彼は、信仰に対して前向きでなく、まさにこのサークルと対極的な立場にいるビスマルクに伝道すべく、積極的にサークルへ勧誘したのである。

結局ビスマルクはこのサークルに出入りするようになったが、それはブランケンブルクの熱心さというよりは、彼の婚約者マリー・フォン・タッデンの存在によるところが大きかった。利他的な姿勢で彼を理解しようとする彼女との宗教談義は、ビスマルクを敬虔主義者にすることこそできなかったものの、彼の心を開かせ、そこに安らぎを与える点で大きな意味を持つものであった。マリーは一八四四年にブランケンブルクと結婚するものの、明らかに彼女はビスマルクにとって特別な存在となった。

マリーの死、ヨハナとの結婚

生涯を通じて熱心かつ敬虔なキリスト教徒とは呼べなかったビスマルクだが、恐らくはこの頃が生涯で最も信仰というものに正面から向き合っていたといえよう。ドイツの歴史家A・O・マイヤーによれば、マリーと出会ったことでビスマルクは「個人的な」神、来世、救済の教義への信仰を取り戻したという。彼にとって、神との関係は教会を通したものではなく個人的なものであり、自らを律するときや自らの行いを内面的に正当化するときに、神の摂理が大きな存在感を伴って彼の前に現れてくる。プロイセン王への臣従も、彼は（不遇をかこっていたときにはなおさら）「宗教の助け」を持ち出して説明した。自己正当化のためのご都合主義的なところがないでもないが、いずれにせよマリーと出会わなければ、ここまで信仰心が喚起されることはなかったであろう。だが、それはマリーの熱心な働きかけが与えた刺激というよりは、彼女のあまりにも早すぎる死（一八四六年、享年二四）が与えた強いショックによってもたらされたとすべきである。彼は自身の妹マルヴィーネに対して次のように漏らしている。

私がカルデミンの家〔ブランケンブルク夫妻の居所〕とどれほどの〔親密な〕関係にあったか、先日の彼女の死が私にとってどれほどショックだったか、君ならおおよそわかってくれるだろう。〔……〕自分に近しい人、そしてその人がいなくなることで身の回りに予期せぬ大きな穴が開いてしまう人、そのような人を死によって失ったのはこれが初めてだ。
（一八四六年一一月一八日付、GW, XIV/1, 45）

また、先に紹介した「求婚書簡」でも、彼は次のように述べている。

私のなかで目覚めつつあったものが生を得たのは、私たちのカルデミンの友人が危篤に陥っているとの知らせを受けた際に、私の心のなかに初めて熱心な祈りが、それが理性的に見て妥当なものかなどと思い悩むことなく、私自身の祈りがそれに値しないのではとの身を切られるような悲しみと結びついて、そして子どもの頃から忘れてしまっていた涙と共に、私の心から溢《あふ》れてきたときでした。神はそのときの祈りを聞き届けてはくださりませんでしたが、それを跳《は》ね除《の》けることもなさりませんでした。と申しますのも、私はそれ以来祈る力を二度と失うこともなく、平安というのではないにしても、私が知らなかったような信頼の念と生きる勇気を感じているからです。（GW, XIV/1, 47）

こうしてビスマルクは自らの信仰を率直に告白することで、信仰心の篤いハインリヒ・フォン・プトカマーを説き伏せ、彼の一人娘ヨハナとの結婚を認めてもらうことに成功する。翌年早々、彼はその成果を妹マルヴィーネに宛てて一言「うまくいった（all right）」（一八四七年一月一二日付、GW, XIV/1, 49）と伝えている。

ビスマルク夫妻（1849年撮影）

ヨハナとは、ビスマルクが出入りするようになった先述の敬虔主義サークルのなかで、マリーの紹介で知り合った。マリーの親友であった彼女は、ポメルン地方の奥地で農場を営む父親の下で信仰と伝統を重んじる生活をする、どちらかというと古いタイプの地味な女性であった。そして聖書を厳格に信奉し、内向的で社交が苦手であり、自分の周りの狭い世界を大切にしていた。そのためか、ビスマルクも九歳年下のその女性に対して、当初あまり魅力を感じなかったようである。だが、マリーの死をきっかけに二人の距離は急速に近づき、そして「求婚書簡」を経て彼女の父親から承諾を得ると、一八四七年七月二八日に挙式し、二人はここに夫婦となった。その後、三人の子どもに恵まれ、安定した家庭を築くことになる。

まさにヨハナはよくも悪くも「家庭の人」であった。結婚後も彼女の性格や生活スタイルが大きく変化することはなかった。後にビスマルクが外交官として任地に赴任しても、彼女は積極的に社交活動を行わず、内にあって慎ましやかな生活を守りぬいた。彼女は決して自分を前面に出すことはなく、無条件に「夫の敵は自分の敵」とするほど、内にあって献身的に彼に尽くす女性であった。そのような女性だったからこそ、ときに自分自身を持て余して破天荒に振舞ってしまうビスマルクに、心からの慰めと安らぎを与えることができたのだろう。彼にとって彼女は「岸辺のよき場所に私をつなぐ錨《いかり》」のような存在であり、もはや「それなしでは生きていけない自分の一部」となったのである（一八五一年一月四日付ヨハナ宛、GW, XIV/1, 187）。

ドイツの歴史家E・コルプも指摘するように、ビスマルクにとって一八四七年は公私ともにまさに「運命の年」であった。このとき彼は生涯の伴侶を得ることで、ようやく私生活の面で安らぎの場を手にするのだが、実はこれと前後して彼は代議士に転身して、活動の場を政治の世界に移すのである。このときビスマルクは三二歳であった。

第Ⅱ章　代議士として——政治家ビスマルクの「修業時代」

Als Abgeordneter : seine politischen „Lehrjahre“ (1847–51)

政治家としての初舞台

ビスマルクがヨハナと結婚する二ヵ月前の一八四七年五月初め、彼はプロイセン領ザクセン州の「騎士身分」から選出された補欠議員として連合州議会に出席し、ここに政治家としての初舞台を踏むことになった。

当時、プロイセンには憲法もなければ国民を代表する全国的な議会も存在せず、ただ各州に前近代的な身分制議会が設けられているだけであった。変化が生じたのは一八四〇年代後半のことであった。プロイセン政府はベルリンからケーニヒスベルクまでの鉄道敷設を試みるが資金難にあえぎ、それを打開すべく国王フリードリヒ・ヴィルヘルム四世がすべての州議会の議員をベルリンに召集したのである。

こうして一八四七年四月一一日に第一回連合州議会が開催されたのだが、わずか二ヵ月で閉会する。その理由は、集まった議員たちがプロイセンを近代的な立憲国家に移行すべく、先王フリードリヒ・ヴィルヘルム三世が一八一五年に約束して未だ果たされていない憲法制定と国会開設を強く求めて、国王側と激しく衝突したからである。こうした近代的な要求は、「玉座のロマン主義者」と称され、前近代的な国王のあり方を理想視するフリードリヒ・ヴィルヘルム四世からすれば、到底受け入れられないものであった。これによって政治危機は深刻度を増し、同時期に発生した経済危機とそれに伴う社会不安とが相俟《あいま》って、翌四八年のベルリン三月革命に至ることになる。

　話は少し遡るが、ビスマルクが政治家に転身するきっかけになったのは、彼に少なからぬ影響を与えたマリー・フォン・タッデンも属していたポメルンの敬虔主義サークルであった。ここには、保守派の論客としても名高く、後にポメルン州知事となるエルンスト・ゼンフト・フォン・ピルザッハや国王側近グループの一人であるマクデブルク高等裁判所長エルンスト・ルートヴィヒ・フォン・ゲルラッハも出入りしていた。その兄レオポルト・フォン・ゲルラッハは国王と親交があり、高級副官を務めるなど、国王側近グループの中核的存在であった。彼らを通じて、ビスマルクはベルリンの政界に通じるコネを摑《つか》んだのである。

レオポルト・フォン・ゲルラッハ
（1790～1861）

　こうした政治的な交流を通じて、一八四六年にはエルベ川堤防監督官に就任し、また四七年初めにかけてユンカーの伝統的な特権の一つである領主裁判権を官僚制に対抗して保持し続けようと政治運動を展開していた。このような状況下で、先述した第一回連合州議会が召集され（補欠ではあったが）最年少の議員として参加が許されたのである。

ビスマルクの最初の発言は五月一七日であった。ある議員が、一八一三年の解放戦争参加者のモチベーションが、ナポレオン支配に対する憎悪と憲法制定への希求にあったと発言すると、ビスマルクは次のように反論したのである。

憲法を要求する演説の際、この壇上でも、さらにはこの議場の外でもしばしば声高に叫ばれておりますが、一八一三年の国民運動があたかも他国者がわれらが国土に与えた屈辱とは異なる理由に帰せられなければならず、またそれとは異なる動機を必要としていたかのような発言に対し、私は断固反論しなければならないと感じております。プロイセンが他国の支配者によって被った虐待と屈辱が、自分たちの血を滾《たぎ》らせ、他国者に対する憎悪によって我を忘れさせるのに十分でないと思うのであれば、私が思うに、それは国民の名誉に傷をつけることを意味するのです。（GW, X, 3）

彼の演説は、解放戦争を支えた理念を、彼特有の皮肉を交えながら反立憲主義のニュアンスで曲解したものに他ならなかった。議場には解放戦争に実際に参加した者も多く、彼らからすれば、解放戦争にも参加していない青二才に当時の自分たちの崇高な理想が汚されたに等しいものであった。場内では猛反発の怒声が鳴りやむことがなかった。

こうしてビスマルクの名は一気に広まっていくのだが、周囲の人々による彼の評価は六月一日の演説を通じて定まることになった。「今や問題は、誰が信頼すべき、法的拘束力のある宣言を発する権利を有するのかということです。私が思うに、それはただ国王のみであり、この確信はわが国民の法意識のなかに存在するものと信じております」と論じて、彼は国王の有する権限を強調する。そしてイングランドの名誉革命の事例を引合いに出しながら、次のような有名な発言をするのである。

それに対してプロイセンの君主は、国民からではなく神の恩寵《おんちょう》によって実際に絶対的な主権を有し、その権利の一部を自発的に国民に与えられたのです。(GW, X, 4f.)

ユダヤ教徒解放反対演説をめぐって

ちなみに、少なからぬ先行研究がこの時期のビスマルクの発言のなかで、ユダヤ教徒の解放問題（政治的同権化）に関する彼の反対演説を重視している（E・コルプに至っては「最重要」と位置づけている）。六月一五日、彼は「自分はユダヤ人の敵ではない」としつつも、次のように述べている。

キリスト教徒の支配者たちがその名称に付している「神の恩寵によって」という言葉は空しい響きなどではなく、私はそこに、神が与え給うた笏《しゃく》を手に諸君主が神の御心に基づいて地上を支配せんとする告白を見出すのであります。私はキリスト教の福音のなかに啓示されたものしか神の御心として認識することができないのであり、キリスト教の教義を実現することを課題とする国家をキリスト教国家と称する権利が私にあると信じております。(GW, X, 9)

ユダヤ教徒の解放に反対する演説を行ったからといって、ビスマルクが反ユダヤ主義者であったと断定するのは(その後の彼の言動から判断しても)誤りである。むしろ、これはゲルラッハ兄弟をはじめ、彼が属する敬虔主義的な強硬保守派の主張を反映したものであり、こうした「キリスト教国家」論への支持表明は、伝統的な社会秩序を擁護・防衛するスタンスを表明すると同時に、(J・スタインバーグの言葉を借りれば「機会主義」的に)自分がゲルラッハ兄弟のグループに属していることを明確に宣言したものとして捉えた方がよいであろう。

いずれにせよ、ビスマルクの最初の議会活動はわずか二ヵ月足らずのものであったが、こうした発言の連続によって彼が与えたインパクトには強烈なものがあった。連合州議会が解散されたとき、彼はL・ガルが評するように「札付きの反動ユンカー、たとえ表面上は言葉づかいに巧みで如才ないとしても、まさに完全に後向きで『中世的な』存在を戯画化したような人間」という評判を不動のものにしたのである。まさに鮮烈なデビューであった。

革命前夜

連合州議会が閉幕した直後の一八四七年七月、ビスマルクはヨハナと結婚式を挙げ、ようやく一緒に暮らせるようになった。婚約してからこれまでの間、彼女は病気がちで実家に引き籠っており、彼はベルリンでの政治活動に忙しいこともあって、なかなか彼女に会いに行けなかったからである。だが、政治活動がひと区切りついたこともあって、ようやく彼は新婚生活を楽しめるようになった。

その年の八月から一〇月にかけて、二人は新婚旅行に出かけた。普段出歩かない彼女に配慮して、その旅行はプラハ、ウィーン、ザルツブルク、ベルヒテスガーデン、インスブルックを経てヴェネツィアに行き、そこからスイスを経由してライン川を下り、そしてシェーンハウゼンに戻るという、なかなか大掛りなものであった。

だが、旅行中とはいえ、彼は政治とは無関係ではいられなかった。九月にヴェネツィアを訪れた際、かの地に滞在中の国王フリードリヒ・ヴィルヘルム四世から食事に招待されたのである。ドイツの歴史家E・アイクによれば、ビスマルクにヴェネツィア訪問を勧めたのは、彼と政治的にも親しい関係にあり、国王のヴェネツィア行に同行していたアルブレヒト・フォン・ローン（後のプロイセン陸相）であったという。彼だけが招待されたということもあって、ここで両者の間に政治的な談義が交わされたことは疑いない。こうしたヴェネツィアでの体験は、自身の政治活動の方向性を確認させるとともに、その流れで政治的立身が図れるのではないかとの期待を抱かせるには十分なものであった。

しかし、その半年後に事態は思わぬ形で急転することになった。ベルリン三月革命である。

三月革命への対応

一八四八年二月にパリで革命が勃発すると、その余波は直ちに中央ヨーロッパにも到来し、ドイツ連邦を支える普墺両国でも革命が勃発した。いわゆる三月革命である。ウィーンではこのとき、学生や市民、労働者が決起し、ウィーン体制の創設者である宰相メッテルニヒが失脚に追い込まれ、皇帝に憲法を約束させるに至った。

その影響を受けて、ベルリンにおいても市民や労働者が蜂起《ほうき》し、バリケード戦の末に軍の撤退と自由主義的な内閣（「三月内閣」）の任命と立憲化を伴う政治改革の約束を国王から取り付けることに成功した。こうした動きと並行して、バーデン大公国をはじめとする西南ドイツの自由主義者や民主主義者は集会を開き、ウィーン体制下では実現できなかった立憲的な形でのドイツ統一国家を創建すべく、ドイツ連邦議会とは別個にフランクフルトのパウロ教会にて、各邦で選出された議員たちから成る「憲法制定ドイツ国民議会」を成立させた。六月二八日に国民議会が臨時中央権力を設け、その翌日にオーストリアのヨハン大公を摂《せっ》政《しょう》に選出すると、ドイツ連邦議会はその活動を停止した。

この後の展開を踏まえて考えると、三月革命に伴う一連の政治的混乱は「時代遅れの札付き反動ユンカー」に大きな活躍の場を与え、ビスマルクをそれまでの単なる強硬保守派の一弁士から「反革命の闘士」の第一線へと一気に押し上げる役割を果たすことになる。ではこのとき、彼は一体どのような行動に出たのであろうか。

回想録によると、ベルリンで三月一八日に革命が勃発すると、彼は国王を救出すべく、シェーンハウゼンの農民を引き連れて実力行使を図ろうとした。それに向けてまずは単身ポツダムに赴いて軍事的な対抗措置の必要性を説いて回り、さらにはベルリンにいる国王との接触を図るのだが、いずれも失敗してしまう。

このとき、首都を脱出してイギリスに亡命したフリードリヒ・ヴィルヘルム四世の弟ヴィルヘルム（後のヴィルヘルム一世）の妃アウグスタとの接触には成功したのだが、ここでも何の成果も得られなかった。ちなみに、両者の間でどのような会話が交わされたのかをめぐっては、双方の主張が見事に食い違っており、定かなことはわからない。だが、彼がその際アウグスタの逆鱗《げきりん》に触れてしまったのは確かだ。その後、両者は互いを著しく敵視することになり、それは終生変わることがなかった。こうしてポツダムにおける反革命の企図はいずれも失敗し、三月二五日の国王演説（革命を起こした市民の側に立った発言）に衝撃を受け、彼はシェーンハウゼンに戻ることになった。

四八年四月初めに国王が第二回連合州議会を召集すると、ビスマルクは再びベルリンに姿を現した。この議会はプロイセンの立憲化を前進させるためのものであり、憲法制定議会を召集することを決議し、その議員を選出するための法律を採択するとその役目を終え、翌月にはプロイセン国民議会が開かれることになる。わずかな期間での開催となったこのときの連合州議会で、彼は短いながら周囲を驚愕させ、しかもゲルラッハ兄弟をはじめ保守派を激怒させる発言を行ってしまう。

四月二日、彼は革命によって誕生した自由主義的な「三月内閣」を「我々を現状から合法的で秩序ある状態へ導くことができる唯一の内閣」であると認めただけでなく、次のような、革命当初の状況に甘んじるような発言をしたのである。

過去は葬り去られ、国王自らその棺《ひつぎ》の上に土をかけてしまった今となっては、その過去

を甦《よみがえ》らせることなど誰もできないことを、多数の議員諸君以上に痛切に遺憾に思うのであります。（*GW*, X, 16）

この後、彼はすぐさまゲルラッハ兄弟に詫《わ》びを入れたことで両者の関係は崩壊に至らず、自らの政治的基盤を失わずに済んだ。果たして彼のこのときの発言をどのように位置づけるべきか（直面する現状への現実主義的な対応なのか、それとも反革命以外の可能性を探るためなのか）、このあたりは残念ながら今一つよくわからない。ただ一ついえるとしたら、反革命の陣営にいながら、強硬保守派の主張には収まりきらない要素を彼がこの時点で内包しており、その一端がこのような形で露出したということである。

議会外での活動——革新的側面

その後に開かれたプロイセン国民議会には、彼は残念ながら選出されなかった。しかし、議会という発言の場を失ったからといって、彼がおとなしくしているわけがない。むしろ、このとき彼がとった二つの行動こそが、政治家ビスマルクを考察する上で決定的に重要になってくる。

その一つは『新プロイセン新聞』（*Neue Preußische Zeitung*）の創刊である。解放戦争時に制定された鉄十字章を紙名と共に掲げたことから『十字章新聞』(*Kreuzzeitung*)とも呼ばれるようになるこの新聞は、自由主義勢力に対抗して教会正統派と国家への忠誠を擁護するものだった。その主張からゲルラッハのグループと近い関係にあったヘルマン・ヴァーゲナーを編集長に招き、長い準備期間を経て一八四八年七月初めに創刊号を発刊して、その活動を始めた。

創刊にあたっては強硬保守派の機関紙の役目を期待されたのだが、その紙面は敵味方を問わず常に人々の話題となり、当初の想定をはるかに超える影響力をプロイセン世論に与え、後に強硬保守派にとどまらず、保守派全体の機関紙へと成長を遂げることになる。そして、それに大きく寄与したのがビスマルクであった。発起人のリストにこそ名を連ねてはいないが、彼は同い年にして学生時代に知り合ったヴァーゲナーに対して協力を惜しまなかった。とりわけ彼は多くの記事を寄稿することで紙面を盛り上げるのだが、議会演説のときにも見られたその攻撃的、嘲弄的《ちょうろう》、ときに現実主義的な性格が記事にも反映され、この新聞の性格を決定づけることになったのである。

そしてもう一つ、見逃すことのできない活動が「土地所有利益擁護協会」である。これは一言でいえば農場主の利益団体に相当するもので、「三月内閣」が推し進めようとする残存する封建的特権の無償廃止や地租免除の廃止など、農場主の有する物質的利益を損なう一切の動きに反対すべく結成されたものである。協会長には保守派の政論家であったエルンスト・ゴットフリート・フォン・ビューロ＝クメロが就任したが、この利益団体を結成し、そして主体的な役割を担ったのが他ならぬビスマルクであった。彼の積極的な活動によって、この団体は四八年八月一八／一九日にベルリンで全体集会、いわゆる「ユンカー議会」を開催し、約四〇〇人の参加者を集めることに成功した。まさにこの活動を通じて、ビスマルクは農場主の利害代表者として、それまで以上に名を馳せるようになったのである。

この二つの活動は、一体何を意味するのだろうか。これまでに見てきたように、ビスマルクは強硬保守派の陣営に身を寄せ、自らの既得権益を擁護する意味でも反革命のスタンスに立ち続けてきた。それはすなわち、ナショナリズムに代表される一九世紀の時代潮流に相反するものであり、プロイセンの近代化にも反対・抵抗の姿勢をとることを意味する。だが、ドイツ史家の大内宏一が端的に指摘するように、ここで重要なことは、こうした反近代的なスタンスをとるビスマルクが議会・新聞・協会といった近代的な政治手段を利用することで、政治的に注目を集める人物になったということである。まさに革命という大変動、政治体制が近代化へと向かう大きなうねりこそが、彼にチャンスを与えたことになる。

本書の視点から言い換えるならば、自身を取り巻く外的環境の変動を受けて、彼は自分が信奉・拘泥する伝統的な権益やスタイルを、革新的な手段でもって擁護しようとしたといえよう。まさに自己の内にある伝統的要素と革新的要素が巧みに連動したことで、初めてビスマルクは政治的に大きな成果を収めるのである。そしてそれを可能にしたのは外的状況の変化であり、それを巧みに利用する「術《クンスト》」に彼の非凡さ、特異性が見出せよう。

「側近党の副官」として

三月革命を機に普墺両国は、時代潮流に反する保守反動的な正統主義の論理を放棄し、近代化に向けて大きく舵《かじ》を切ろうとし、それが成功するかに見えた。だが、四八年夏から秋にかけて潮目が変わる。そのきっかけはオーストリアにおいて反革命が成功したことにある。三月革命を機にオーストリアが支配していたイタリアやチェコ、ハンガリーにおいて民族独立運動が盛り上がりを見せたが、六月に発生したプラハの民衆蜂起が軍によって鎮圧され、八月にはラデツキ将軍（J・シュトラウスが作曲した彼の名を冠した行進曲のゆえに多少馴染があろう）が北イタリアを制圧、一〇月のウィーン蜂起も軍によって鎮圧されると事態は決定的となった。新たに首相となったシュヴァルツェンベルクの下で巻き返し政策が行われ、帝国の不分割を宣言し、フランクフルト国民議会に対して対決姿勢を鮮明に示した。

その影響はすぐさまベルリンに及んだ。一一月一日、フリードリヒ・ヴィルヘルム四世は反動派のフリードリヒ・ヴィルヘルム・フォン・ブランデンブルクを首相に、そしてオットー・フォン・マントイフェルを内相に任じ、彼らの下で反革命政策が矢継ぎ早に展開されていく。まず、プロイセン国民議会は休会とブランデンブルクへの移転を余儀なくされた。さらに、デンマークとの境界にあるシュレースヴィヒとホルシュタインをめぐってデンマークと交戦状態（第一次スリースヴィ戦争）にあったヴランゲル将軍率いるプロイセン軍がベルリンに帰還すると、一一月一二日に戒厳令が敷かれ、市民軍は解散に追い込まれた。加えて、すべての政治結社の禁止、集会と出版の制限が行われたのである。

このときビスマルクは、ゲルラッハ兄弟率いる国王側近グループである「側近党司令部の極めて活動的で聡明な副官」（ルートヴィヒ・フォン・ゲルラッハの評）として、「時計の振り子のように」（一八四八年一二月九日付兄宛、GW, XIV/1, 120）首都と各地の間を精力的に動き回り、反革命に貢献している。その結果、王宮内部においても彼の名が知れ渡るようになったのである。

こうしてベルリンにおいても反革命が成功したのだが、だからといって三月革命の成果が全くなかったとするのは適切ではない。国王は国民議会を解散するものの、一二月五日に欽定という形ではあるが、プロイセン憲法を発布したからである。それは国王大権を認めつつも、二院制の下院においては男子普通選挙権を認めるなど、自由主義的な要素が盛り込まれたものであった。一八五〇年になるとこの憲法は、普通選挙に代わって「普通・不平等」の三級選挙制度の導入をはじめ、伝統的な支配勢力の政治的復権や国民の基本権制限に見られるように「改悪」されてしまう（そして約四〇年後には大日本帝国憲法の範となる）。だが、それでも憲法と議会が整備されたことで、プロイセンの政治体制に一応の近代化がもたらされたのである。

一八四九年二月、新たに設けられたプロイセン議会の下院選挙にビスマルクは当選し、ここに彼の代議士活動が再開されることになる。

フランクフルト国民議会への否定的反応

プロイセン下院議員となったビスマルクは、政治家としての活動に本腰を入れるべく、この年の夏にシェーンハウゼンの農場を貸出し、家族をベルリンに迎えいれた。このとき、長女マリー（四八年八月）に続き、長男ヘルベルト（四九年一二月）が生まれている。

この時期の彼の政治思想は、三月革命を機に一気に高揚したドイツ統一運動に対する反応を通して見て取ることができる。まずは、フランクフルトで開催されたドイツ国民議会に対する反応から見ていこう。

ウィーンとベルリンで反革命が成功するなか、フランクフルトではドイツ統一の方式をめぐって侃々諤々《かんかんがくがく》の議論が続いていた。特に大きな問題となったのは、オーストリア帝国に居住するドイツ人を含めた全ドイツ人の統一を求める「大ドイツ（主義）」と、彼らを切り離してプロイセンを中心としたドイツ統一を求める「小ドイツ（主義）」の対立であった。一八四八年一〇月になってようやく「大ドイツ」方式を採用することが決まったのだが、先述したように反革命を実現したオーストリアでは、帝国の単一・不可分の立場の下、宰相シュヴァルツェンベルクによって拒否された。

そのため、国民議会は「小ドイツ」の立場に立って仕切り直しを図った。四九年三月、国民議会は連邦制、外交・軍事権の帝国権力（中央政府）への帰属、世襲皇帝制、二院制議会設置（下院は普通選挙制導入）を骨子とする憲法を制定し、プロイセン王フリードリヒ・ヴィルヘルム四世を皇帝に選出した。だが、プロイセン王はこのとき、革命によって生み出された帝冠を嫌って、国民議会の要請を拒絶したのである。その後、国民議会は坂道を転げ落ちるかのように解体の一途を辿り、一部の残存議員がシュトゥットガルトに移転して最後の抵抗を試みるが捲土重来《けんどちょうらい》ならず、六月にその活動に終止符が打たれた。

フランクフルト国民議会の動きに対するビスマルクの反応が明確に示されたのは、四月二一日の下院での演説である。「ヨーロッパが革命の興奮から冷め始めているこの瞬間に、わが国がまさに一年遅れのフランクフルトの主権への衝動に同意して支持を与えることでドイツ問題をさらにもつれさせるようであれば、私はそれをわが国の課題と見なすことに断固抵抗いたします」とした上で、彼は次のように述べることでドイツ帝冠を拒絶した国王を支持したのである。

最悪の場合でも私は、国王がジーモン氏やシャフラート氏［いずれもフランクフルト国民議会議員］の政治的同志の家来に成り下がるのを目の当たりにするよりは、プロイセンがプロイセンとしてあり続けることを望みます。〔……〕フランクフルトの帝冠はとてもきらびやかなものかもしれませんが、その輝きを本物足らしめる黄金はプロイセンの王冠を溶かすことで初めて得られるのです。そして私は、この改鋳《かいちゅう》がこのような憲法の形でもって達成されるものとは決して信じておりません。（GW, X, 32）

ここからも窺《うかが》えるように、プロイセンとドイツ統一が同一の俎上《そじょう》に載せられたとき、ビスマルクは躊躇《ためら》うことなくプロイセンを選択したのである。明らかに彼は、このときのドイツ統一運動に対して否定的であった。

ただ、ドイツ統一問題に関するビスマルクの発言をめぐっては、これとは正反対のもの——すなわち、ドイツ統一を肯定するものやそれを欲していたといった類の発言もまた存在し、それらが二〇世紀初頭に見られた、彼をドイツ・ナショナリストとして評価するビスマルク理解の根拠となっている。だがここで注意すべきは、これらの発言は、歴史的事実よりも晩年の心情を優先させた回想録のなかに見られる記述か、さもなければ革命勃発直後の極めて限定された時期になされたものであり、後者に関しては先述したように、革命によって生じた現状に甘んじるような現実主義的な発言が見られた時期と一致する。そのため、L・ガルのみならず、わが国でもドイツ史家の林健太郎がすでに指摘しているように、このときのビスマルクはドイツ統一よりもプロイセンを優先していたと理解すべきであり、ドイツ統一運動に肯定的であったとはいえない。

「連合」政策への反発

こうしたビスマルクの姿勢は、プロイセン主導のドイツ統一政策、いわゆる「連合《ウニオン》」政策に対する発言からも見て取れる。この「連合」政策は、側近ヨーゼフ・マリア・フォン・ラドヴィッツの助言を容《い》れたフリードリヒ・ヴィルヘルム四世がザクセン、ハノーファー両王国と同盟を結び（四九年五月）、この三王同盟を軸に「小ドイツ」方式、すなわちオーストリアを除く形でドイツ統一を実現させようとするものであった。だが、オーストリアが中東欧に広がる帝国全体をドイツと一体化させる「七千万帝国」構想を掲げて真っ向から衝突したために、有力諸邦はおろか同盟国ザクセンとハノーファーもプロイセンの動きに同調せず、まもなく袋小路に入り込んでしまう。
ビスマルクは右記に見られる「連合」政策に対しても反対の声をあげた。四九年九月六日の下院演説のなかで「フランクフルト型の理論でもって〔ドイツの〕国民的再生を求める動きがプロイセン国民のなかにあるとは思えません」とした上で、次のように述べる。

我々は皆、プロイセンの鷲《わし》がメーメル〔現在のリトアニアの海港都市クライペダ〕からドナースベルク〔現在のラインラント・プファルツ州にあり、ドイツを南北に分断する山〕までその保護と支配の翼を広げることを望んでおりますが、その鷲が新たに設けられるレーゲンスブルクの帝国議会によって拘束されたり、その翼がフランクフルトからの剪定《せんてい》バサミによって〔以前にプロイセンに対する脅しとして用いられたように〕刈り込まれたりするのを見たくはありません。〔……〕我々はプロイセン人であり、プロイセン人であり続けることを望みます。（GW, X, 38-40）

ここからも明らかなように、彼はプロイセンの覇権拡大を望んでおり、それが拘束されてしまうようであれば、たとえプロイセン主導のドイツ統一であったとしてもそれに反対したのである。彼は妻に宛ててこのようにも述べている。

この〔ドイツ〕問題はそもそも議会ではなく、外交と戦場で決せられるものであり、それに関して私たちがおしゃべりして決めたものはすべて、所詮《しょせん》空中楼閣を描き、何か思いがけない出来事によって自分が偉人になると思い込んでいる感傷的な青年の月下の妄想でしかないのだよ。（一八四九年八月二七日付、GW, XIV/1, 136）

「オルミュッツ演説」

内外の反発を受けて「連合」政策は一八四九年秋の時点ですでに瓦解《がかい》同然の状態であった。なおも未練を抱くプロイセンの首脳は、五〇年三月にエルフルトで「連合」議会を開催し、翌月には憲法草案を採択することで「連合」の実現を図った。だが、他のドイツ有力諸邦はこの動きに同調せず、オーストリアはフランクフルトに反「連合」派の諸邦を集めて対決姿勢を鮮明に打ち出した。こうしたオーストリアの動きをロシア皇帝ニコライ一世が公然と支持し、英仏両国もプロイセンの動きを支持しなかったこともあって、プロイセンの外交的敗北はここへきて決定的となった。五〇年一一月二九日、プロイセンはオーストリアとの間にオルミュッツ協約を締結し、ここに「連合」政策の旗を降ろすことになった。この出来事は、「小ドイツ」的統一を求める勢力から「オルミュッツの屈辱」と呼ばれることになる。

一二月三日、プロイセン下院においてビスマルクはこのオルミュッツ協約締結を擁護する演説を行うのだが、これが彼の政治思想を考察する上で極めて重要になってくるので、以下詳しく見ていきたい。まずは、このなかで彼は従来の保守的スタンスを次のように表明する。

プロイセンの名誉は、地元の憲法が危機に瀕《ひん》していると思っている病める議会の御歴々のために、プロイセンがドイツ全土でドン・キホーテの役割を演じることにあるのではないと確信しております。私が求めるプロイセンの名誉とは、プロイセンが何よりも民主派と手を結ぶような屈辱的な真似《まね》をしないことであり、現下の問題のみならず他のあらゆる問題においても、プロイセンの承諾なしにドイツでいかなることが起こることも認めないことであり、さらには普墺両国が共通の自立した考えに基づいて理に適《かな》い、かつ政治的に見て適切であると判断したことが、ドイツにおける同等の後見国〔であるプロイセンとオーストリア〕によって共同で行われることであります。（GW, X, 105）

ここから見て取れるように、彼は三月革命とそれ以降のドイツ統一の動きには否定的であり、ドイツ問題においてはプロイセンの大国としての存在感が示されるとともに、オーストリアと共同路線をとっていくべきであるとしている。これは、彼が属する強硬保守派の意見

――ウィーン体制下の正統主義に基づく伝統を是とする意見と通じるものであり、これまでの彼の政治的主張と何ら矛盾はなく、ビスマルクの政治思想の保守的・伝統的要素として位置づけられるものである。

ところが、この演説にはこうした要素に収まりきらない、革新的な部分も見受けられる。具体的には、ゲルラッハ兄弟をはじめ当時の保守主義が尊重する一定の原理ではなく、国益という物質的利害を重視したことであり、次に見るような象徴的な言葉でそれを表現したのである。

大国の唯一健全な基盤をなし、大国を小国から本質的に区別するものは、国家エゴイズムなのであって、ロマン主義なのではありません。そして自国の利害に属さぬことのために戦うのは、大国にふさわしい行為ではありません。（GW, X, 103）

彼は正統主義であれナショナリズムであれ、一定の原理原則に拘束されると、プロイセンの国益を損なう恐れがあると考えていた。ちなみに、彼は原理原則そのものに対しても次のように辛辣《しんらつ》に述べている。

人々は、原則が試練に直面しない間はその原則を固く守るのですが、いったんそれが試練に直面すると、彼らはまるで農夫がスリッパを放り捨てるようにその原則を投げ捨て、生まれたままの足で走ってしまうのです。（一八四七年三月一四日付ヨハナ宛、GW, XIV/1, 79）

このように彼は、原理原則に基づいて行動することの危うさを認識し、「国家エゴイズム」あるいは国益という物質的利害に基づいて大国は政策を決定すべきであると説くのであった。まさにこの点こそ、ゲルラッハ兄弟をはじめ強硬保守派とビスマルクを画する決定的な一線であり、彼が単なる保守的な政治家ではなかったことを示すものである。

ビスマルクの政治思想――「伝統」と「革新」の視点から

ようやくここに至って、代議士ビスマルクが有する主義主張の全貌《ぜんぼう》が姿を現してくる。ここではビスマルクが内包する二面性――伝統的要素と革新的要素の観点から、それをまとめ直してみたい。

ビスマルクの基本的な政治スタンスは、プロイセンの国益と国王の君主権を擁護するものであり、それを保持し、場合によっては拡大することを目指している。それはプロイセン中心主義、もしくは大プロイセン主義とでも呼べるもので、一部の先行研究の間で「プロイセン権力国家思想」と称されるものである。それはドイツ統一という国民的悲願を「感傷的な青年による月下の妄想」として一蹴《いっしゅう》し、「プロイセン人であり続けることを望む」という表現となって端的に表れている。

ここに見られるビスマルクのプロイセン主義は、これまでに彼が受け継いできた伝統的価値観に端を発するものであった。それまでの既存の秩序が革命によって著しく動揺する激動の時期にあって、彼は既存の社会秩序や伝統を維持・擁護することを通じて、ユンカーとして受け継がれてきた自身の既得権益を守ろうとしたのである。そのために彼はプロイセン君主主義を奉じ、反革命に躍起になった。その点については、先述した「ユンカー議会」に向けた彼の活発な言動や「側近党の副官」としての精力的な活動が、それを雄弁に物語っていよう。

こうした彼の姿勢は、彼の人生に決定的な影響を与えることになったポメルンの敬虔主義サークル、さらにはこのサークルと密接な間柄にあった国王側近の強硬保守的なグループに身を寄せていたこととも少なからず関係していよう。まさに「生粋のプロイセン人」「反動ユンカー」「反革命の闘士」としてのビスマルクがここに見出せる。

だが、彼が遵守する伝統的価値観や既存の社会秩序、さらには自身の既得権益を守るためにとった発想や手法は、従来の保守陣営の政治家たちのそれからは大きく逸脱するものであった。彼は保守主義勢力が後生大事に崇《あが》め奉っていた理念や原理原則、イデオロギーといった類のものに囚《とら》われていては守れるものも守れないと考え、極めて現実主義的・物質主義的な発想も備えていた。だからこそ革命という非常事態に直面して、彼は議会活動、プレス活動、結社活動という近代的な政治手法を躊躇うことなく利用することができたのである。

彼はこのような考えをプロイセンという国家にも適用する。彼は、「至高なる自我」というべきか、その強烈な自意識・自尊心のゆえに、神への奉仕とプロイセン国家への奉仕を同一視し、さらには自分自身をプロイセン国家と重ね合わせている。彼にとって、大国としてのプロイセンの国益を保持・拡大することは、自身の権益を保持・拡大することを意味するため、ますますそれに邁進《まいしん》する。そして、それを実現するためには、正統主義や保守反動的な理念などの原理原則に固執していてはならず、唯一の健全な基盤である「国家エゴイズム」に立脚しなければならないというのである。後に彼がプロイセン・ドイツの政治外交の舵取りをするにあたって、同盟相手を入れ替えたり、さらには革命勢力と目されるグループにも躊躇うことなく接近するのも、そのためである。まさに彼のこのような革新的部分のゆえに、彼は自身が属するゲルラッハ兄弟率いる強硬保守派と最終的に決別する運命を辿ることになるのであって、ビスマルクが「現実政治家《レアルポリティーカー》」と評される所以である。

　ここから、「伝統」と「革新」という本来は相反する二つの要素が、ビスマルクのなかで巧みに連動し、融合していることが見て取れよう。しかも、それは自己の伝統的な価値観や権益を遵守・追求しようとするときにはじめてその真価を発揮するのである。ここから、何か政治的に高邁な理想を掲げてそれに向かって邁進するタイプの政治家ではなく、逆にそうしたものに対して冷笑的な視線を向け、あくまでも自己の権益を含め、物質的な利益に貪欲《どんよく》なまでに執着する、俗っぽいタイプの政治家の姿が浮かび上がってこよう。

　では、なぜこのようなタイプの政治家が、政治の世界で台頭することができたのであろうか。それはまさしく、革命とそれに伴う時代や状況の変化のゆえであろう。単に伝統的価値観やスタイルをお題目のように唱え続け、ただそれをひたすら遵守するだけの人物であれば、単なる「反革命の闘士」として終わっていたであろうし、革新的で型破りな要素を持つだけの人物であれば、保守反動的な当時のプロイセンの政治首脳部において全く相手にされなかったであろう。激動の時代にあって、この伝統的な要素と革新的な要素を併せ持ち、しかもそれを状況の変化にあわせて巧みに連動させることができたからこそ、彼は大きく躍進することができたのである。その意味では、いつやってくるかわからない状況の変化はビスマルクを考察する上でとても重要な要素であり、それを味方につけて巧みに利用する「術《クンスト》」という点では、彼は同時代の他の追随を許さない、天才的な能力を発揮する人物であったと評価してよいのではなかろうか。

このように、一八五〇年一二月三日のビスマルクの下院演説は、当時の彼自身の政治思想の一つの到達点であり、政治家としての「修業時代」の成果であった。果たして、ここに見られるビスマルクの本質に、どれだけの人間が気づいていたかについては定かでない。少なくとも彼の属した強硬保守派に見抜けていなかったのは確かである。彼らはこの演説に見られるビスマルクの保守的要素に満足したのである。そしてそのことは、ビスマルクに次の舞台を用意した。それは、オルミュッツ協約を受けて翌五一年に復活したドイツ連邦の中央機関にあたる連邦議会のプロイセン代表というポストであった。こうして彼は代議士から外交官へと転身することになったのである。このとき、ビスマルクは三六歳であった。

第Ⅲ章　外交官として——外交家ビスマルクの「遍歴時代」

Als Diplomat : seine diplomatischen „Wanderjahre"（1851–62）

フランクフルト時代の幕開け

一八五一年五月八日、ビスマルクはドイツ連邦議会のプロイセン代表として自由都市フランクフルトに派遣された（派遣時は公使館参事官だったが、同年七月に正式に公使となる）。ここに約一一年に及ぶ外交官時代の幕が切って落とされた。五四年に枢密顧問官、翌五五年には上院議員に選出されてベルリンとの間を頻繁に行き来することになるものの、彼はここフランクフルトで外交官としてのキャリアを積むことになる。

フランクフルトでの生活は、質素だがビスマルクにとって心地よいものとなった。それは妻ヨハナの生活スタイルによるところが大きかった。着任した年の一〇月に子どもたちを連れてフランクフルトに移り住むと、彼女は外向的な夫に付き添って積極的に社交界に顔を出すようなことはせず、最後まで内にあってひたすらそれまでの質素で慎ましやかな生活を守り通した。外交官の妻としてはいかがなものかと思われるが、逆にそれがフランクフルトの社交界に満足しきれなかった彼に心の平穏を与えたのである。さらに新たな家族も増え（五二年八月に次男ヴィルヘルム誕生）、充実した時期を過ごすことになる。

L・ガルも指摘するように、約八年に及ぶフランクフルト時代はビスマルクにとって転機であり、極めて重要な時期となる。その最大の理由は、彼がここで初めて国際政治を体験したからである。それまでの彼は、十分な職業教育も受けていなければ外交官の経験など一切なく、「反革命の闘士」として政治の舞台にのし上がってきたにすぎなかった。彼がこのポストに就けたのも（後の「ビスマルク外交」に発揮されるような）外交センスが評価されたからではない。第Ⅱ章で見た「オルミュッツ演説」に見られる彼の保守的な、ドイツ統一に否定的で普墺協調路線を説く姿勢が、ゲルラッハ兄弟をはじめ国王側近の強硬保守派に評価されたからであり、一言でいえば党派人事のゆえであった。だが、きっかけは何であれ、彼はここで国際政治を目の当たりにし、これまでは君主の支配権と伝統的秩序を結びつけたものとして、対内的にしか自覚できなかったプロイセンの国家利害を（後述するオーストリアとの対立を通じて）対外的に認識し直すことができるようになるのである。

いや、それだけではない。フランクフルト時代がビスマルクにとって決定的に重要であったのは、彼の対墺認識・姿勢に大きな変化が生じたからである。フランクフルト時代に彼は周囲の期待を見事に裏切り、普墺協調を説くどころか逆にオーストリアとの対決姿勢を強めていくのである。この変化こそが、ビスマルクが強硬保守派と袂《たもと》を分かつ要因となり、この後のプロイセン・ドイツの歴史に決定的な影響を与えることになる。

では、彼にとって重要な転機となったフランクフルト時代とは一体どのようなものであり、ここで一体何を経験したのであろうか。これから具体的に見ていくことにしよう。

ドイツ連邦

ここで、外交官ビスマルクの初舞台となったドイツ連邦について、概観しておこう。

ドイツ連邦は一八一五年五月、ウィーン会議を経てナポレオン戦争後のドイツに、神聖ローマ帝国に代わって発足した国家連合組織である。オーストリア帝国、プロイセンを含む五つの王国、三〇弱の中小諸邦と四つの自由都市から構成され、独自の元首や執行府は設けられず、フランクフルトに加盟各邦の公使から成る連邦議会が中央機関として存在するだけであった。連邦議会の議長はオーストリア公使が恒常的に務めたが、バイエルンやヴュルテンベルクなどの中規模諸邦も普墺両国と同じ票数（四票）が与えられ、それ以外の各邦にもそれぞれの大きさに従って票が分け与えられた（表1参照）。ウィーン体制の特徴である勢力均衡の原則がここでも働き、どこかある邦が突出しないような工夫がなされていたわけである。

また、連邦には同君連合の関係を通じてイギリス王（ハノーファー王国）、オランダ王（ルクセンブルク大公国）、デンマーク王（ホルシュタイン公国）が加盟しており、この組織はドイツ史家の坂井榮八郎の言葉を借りれば「国際的な君主同盟に近い」ものであり、今日「連邦」という語から想起するような統一国家とは到底呼べないものであった（そのため、近年

表１　ドイツ連邦諸邦の国勢と連邦議会本会議の表決権（面積・人口は1815年現在．単位：1000平方メートル，1000人）

	国　名	国位別	票数	面積	人口
1	オーストリア	帝　国	4	197.6	9,120.0
2	プロイセン	王　国	4	185.5	7,617.0
3	ザクセン	〃	4	15.0	1,180.0
4	バイエルン	〃	4	76.3	3,350.0
5	ハノーファー	〃	4	38.4	1,320.0
6	ヴュルテンベルク	〃	4	19.5	1,340.0
7	バーデン	大公国	3	15.3	1,102.0
8	ヘッセン＝カッセル	選帝侯国	3	9.6	552.0
9	ヘッセン＝ダルムシュタット	大公国	3	7.7	590.0
10	ホルシュタイン	公　国	3	9.6	375.0
11	ルクセンブルク	大公国	3	4.8	204.6
12	ブラウンシュヴァイク	公　国	2	3.7	210.0
13	メクレンブルク＝シュヴェリーン	大公国	2	13.3	333.0
14	ナッサウ	公　国	2	4.7	290.0
15	ザクセン＝ヴァイマル	大公国	1	3.6	194.0
16	ザクセン＝ゴータ	公　国	1	5.7 (16〜19)	262.0 (16〜17)
17	ザクセン＝コーブルク	〃	1		
18	ザクセン＝マイニンゲン	〃	1		55.0
19	ザクセン＝ヒルトブルクハウゼン	〃	1		33.0
20	メクレンブルク＝シュトレーリッツ	大公国	1	2.9	70.0
21	オルデンブルク	〃	1	6.4	202.0
22	アンハルト＝デッサウ	公　国	1	0.8	53.0
23	アンハルト＝ベルンブルク	〃	1	0.8	36.0
24	アンハルト＝ケーテン	〃	1	0.7	29.0
25	シュヴァルツブルク＝ゾンデルスハウゼン	侯　国	1	0.8	44.0
26	シュヴァルツブルク＝ルードルシュタット	〃	1	0.9	54.0
27	ホーエンツォレルン＝ヘッヒンゲン	〃	1	0.2	14.0
28	リヒテンシュタイン	〃	1	0.2	5.1
29	ホーエンツォレルン＝ジークマリンゲン	〃	1	0.9	38.5
30	ヴァルデック	〃	1	1.1	48.0
31	ロイス（兄系）	〃	1	0.3	20.0
32	ロイス（弟系）	〃	1	0.8	55.0
33	シャウムブルク＝リッペ	〃	1	0.4	24.0
34	リッペ＝デトモルト	〃	1	1.2	68.0
35	リューベック	自由都市	1	0.3	41.6
36	フランクフルト	〃	1	0.1	47.0
37	ブレーメン	〃	1	0.3	47.7
38	ハンブルク	〃	1	0.4	124.0
	計		69	629.8	29,148.5
39	ヘッセン＝ホンブルク	（地方伯領）		0.3	20.0

（備考）　16〜19はザクセン＝コーブルク，ザクセン＝マイニンゲン，ザクセン＝アルテンブルクの三公国に整理された（1825年）．22〜24は統一されてアンハルト公国となる（1853〜63年）．27と29はプロイセンに併合される（1849年）．39は1817年に加盟．

（出典）　成瀬／山田／木村編『ドイツ史２』，p. 225.

こうした実態を踏まえて「ドイツ同盟」という訳語を当てる場合がある)。

ドイツ連邦に関しては、かつてはドイツ統一を阻害した存在として、さほど重視されることはなかった。だが、近年の研究を見るとその再評価が進んでおり、他国の侵略から加盟各邦を守るという安全保障装置としては機能していたという。確かに、普墺戦争(一八六六年)が勃発するまでドイツでは戦争は勃発せず、勢力均衡の論理が働いて一定の平和を保障したかもしれない。しかしながら、ウィーン体制のもう一つの支柱である正統主義の論理のゆえに、ドイツ連邦は対内的にはナショナリズム運動を抑圧する保守反動的な組織であったことを忘れてはならない。メッテルニヒは、東中欧に広がる多民族帝国オーストリアの秩序の維持と、ナポレオン戦争後の列強間の勢力均衡の維持を同時に達成するために、ナショナリズムという内向きの論理ではなく、列強との国際協調という外向きの論理を重視した。その結果、ドイツには国民国家ではなく緩やかな国家連合組織が設けられたのである。これはナショナリズムという一九世紀の時代潮流に逆行するものであり、ドイツ統一を求める勢力からの挑戦を常に受け続け、その都度メッテルニヒのオーストリアをはじめ各邦がこれを弾圧しなければならなかった。

だからこそ、ヨーロッパ列強間の勢力均衡を維持するためにも、また正統主義を奉じてドイツ連邦内で生じるナショナリズム運動を抑圧するためにも、メッテルニヒにとってドイツ連邦を支える二つの大国オーストリアとプロイセンの協調は必要不可欠なものであった。そのため、オーストリアは連邦内では先述したように連邦議会の議長を務めるものの、常にプロイセンとは「事前協議体制」と称されるような、ビスマルク自身の表現によれば「互いの拒否権を暗黙裡に容認し、連邦議会のみならずドイツのいかなる小さな邦の宮廷においても双方の了解なく何かを表明することのない」(一八五三年一一月一四日付プロイセン首相兼外相マントイフェル宛、GW, I, 390) 緊密な協力関係を維持すべく努めてきたのである。

オーストリアとの対決

だが、一八四八年の三月革命とそれに伴う一連の出来事によって、状況は一変する。一八五一年にドイツ連邦が復活すると、オーストリア首相シュヴァルツェンベルクは覇権政策の下、中央ヨーロッパにおいて強硬姿勢を示した。その結果、プロイセンは格下扱いの「ジュニア・パートナー」として位置づけられ、それまでの「事前協議体制」が崩壊したのである。

なぜオーストリアはこのような姿勢をとったのだろうか。その要因の一つとして、革命時に見られた「小ドイツ」的な動きに対するプロイセンの動向が挙げられよう。第Ⅱ章で見てきたように、プロイセンはフランクフルト国民議会から差し出されたドイツ帝冠を拒絶した後、自らが「連合《ウニオン》」政策をとってオーストリア抜きでドイツ統一運動を推し進めようとした

「前科」があった。革命に伴う混乱期にあって、共同歩調をとるどころか、事もあろうにドイツ統一に向けた動きを示したプロイセンに、どうしてオーストリアが従来のような好意的な眼差しを向けることができようか。オーストリアではプロイセンのプレゼンスが低下し、それに反比例するかのように警戒心が高まっていたのである。

ビスマルクがフランクフルトに着任したのは、このように普墺関係が悪化し、ドイツ連邦内における両国のバランスが不安定になっているときであった。このタイミングでドイツ連邦議会公使に任命されたということは、普墺間の衝突回避に専念し、関係正常化に向けて尽力することが求められるはずであった。そして彼自身、少なくとも最初はそのように考えていた。例えば、当時のプロイセン首相兼外相マントイフェル(一八五〇年に内相から昇格)への報告を見ると、彼は「連邦議会の席で他の諸邦の公使に対して普墺両国が完全に同意しているという印象を確保し、かつそれを強める必要性」を感じていたことが見て取れる(一八五一年一一月一九日付、GW, I, 97)。

ところが、ここで大きな変化が生じる。彼はマントイフェルに対して次のように述べるのである。

四年前ここに着任したとき、私は決してオーストリアに原則的に敵対する人間なんかではありませんでした。しかし、オーストリアの現在の権力者たちが理解するような意味での、オーストリアに対して好意的な姿勢を多少なりとも保とうとするならば、私はプロイセン人としての血を一滴残らず否定せねばならなかったでしょう。（一八五五年二月二八日付私信、GW, II, 23）

ここからは反墺的な姿勢を示す彼の姿がはっきりと見て取れよう。プロイセンの国家利害を重視し、普墺両国はヨーロッパにおいても、またドイツ連邦にあっても同等の地位を占めるべきだと考える彼からすれば、プロイセンを「ジュニア・パートナー」のように格下扱いするオーストリアの態度は到底許容できるものではなかった。この後、L・ガルにいわせれば「歯をむき出すような態度」で対決姿勢を強めていく。

だが、これはオーストリアとの政治的・保守的連帯を重視する本国政府（特に強硬保守派）の意向とは真っ向から対立する。従って、当初は学生時代を彷彿《ほうふつ》とさせるようなやり方でオーストリアに対抗した。例えば、次のようなエピソードがある。ある暑い日のこと、オーストリア代表が上着を脱いだ状態でビスマルクを引見した際、彼もまた（それが非礼にあたるとして許されていないにもかかわらず）上着を脱ぎだしたのである。またあるときは、議場でオーストリア代表が葉巻を吸っていると、（オーストリア代表のみが議場で葉巻を吸うことが許されるという慣行があったにもかかわらず）ビスマルクもまた葉巻を取り出して、つかつかと彼に寄ってきて火をもらい、そして吸い出したこともあった。このようにビスマルクは、事あるごとに対抗意識を露《あらわ》にして堂々と張り合っていくのであった。

このような彼の対決姿勢は、クリミア戦争が勃発し、そしてプロイセンがそれに巻き込まれそうになると、意地の張り合いのレベルを超え、本国政府を巻き込む形でさらに激しさを増していく。

クリミア戦争をめぐって

後にクリミア戦争と呼ばれることになるこの戦争は一八五三年七月、ロシアがオスマン帝国領に進撃したことに端を発する。オスマン帝国内のギリシア正教徒の保護が名目ではあったが、ロシアのねらいはバルカン半島へ勢力を拡大させるとともに、黒海と地中海をつなぐダーダネルス・ボスフォラス両海峡を押さえることで（ロシア黒海艦隊の）地中海への出口を確保し、南下政策に拍車をかけようとした点にある。少なくともこの段階では、これまで幾度となく続いてきたロシアとオスマン帝国の戦争（露土戦争）の一つでしかなかった。

ところが一八五四年三月、ロシアの勢力拡大を恐れたイギリスと、この戦争を機に従来の国際秩序を自国に有利なように改めようと企むナポレオン三世率いるフランスが、それぞれオスマン帝国の側について戦争に参加した。その結果、この露土戦争はナポレオン戦争以来のヨーロッパ列強間による大戦争へと発展し（一八五五年にはサルデーニャ王国もオスマン側について参戦）、いわゆる「ヨーロッパ協調」はここに完全に崩壊した。

この戦争に対してビスマルクは一貫して、プロイセンは中立の立場をとるべきであると主張する。例えば開戦当初、マントイフェルに対して「オーストリアがもはやロシアと行動を共にしないのであれば、わが国は直ちにオーストリアとは行動を別にし、〔……〕ウィーンとではなくペテルブルクと行動を共にすべきであることに疑いはありません」として親露反墺的姿勢を示しつつ、「できれば他のドイツ諸邦やベルギーと連携して武装中立の立場をとれば、わが国の利益に合致し、オーストリア以外のドイツにおいてわが国の影響力を一段と大きくするのにふさわしい態度といえましょう」（一八五三年七月一五日付私信、GW, I, 355）と具申している。

ところが、クリミア戦争をめぐってドイツ連邦議会は蜂《はち》の巣を突いたような大騒ぎとなる。オーストリアがこの戦争に、英仏両国と共にオスマン側に立って参戦しようとしたからであった。オーストリアにとってロシアの勢力拡大は、ヨーロッパにおける勢力均衡の崩壊のみならず、国内のスラヴ民族を刺激するという意味でも認めるわけにはいかなかったのである。その際、オーストリア単独で参戦するよりも、プロイセンの軍事力を味方につけるためにも、ドイツ連邦軍を動員した方がよいのではないか。そこでオーストリアは、連邦軍を動員すべく連邦議会で多数派工作に奔走し、その一方でプロイセンに対しても直接働きかけたのである（五四年四月に普墺攻守同盟成立）。

こうした動きにビスマルクは激しく反発し、オーストリアとの対決姿勢を一層先鋭化させる。彼は、本国に対してはオーストリアの口車に乗って参戦しないよう進言し続けると同時に、フランクフルトにあってはオーストリアの多数派工作を妨害し、戦争に巻き込まれないよう尽力した。その結果、連邦軍が動員されることはなく、ドイツ連邦はクリミア戦争に関与しないことになった。プロイセンは中立を保ち、ここに至ってオーストリアは単独で参戦することを控えたのである。

ドイツの歴史家E・R・フーバーは「外交官としてのキャリアのなかで最初の偉大な、そして誰の目から見ても明らかな成功」として、このときのビスマルクを高く持ち上げているが、過大評価は禁物である。

まず確認しておきたいのだが、このときのビスマルクはあくまでもドイツ連邦議会に派遣されている一介の外交官でしかなく、プロイセンの外交政策や普墺間の外交交渉には一切タッチしていない。オーストリアがプロイセンを戦争に巻き込むことをねらって、五四年四月に普墺攻守同盟が締結されたとき、彼がそれを阻止できなかったのはそのよい証左である。

次に、彼は確かにフランクフルトから（かなり強引にプロイセンの外交方針に割り込もうとして）様々な提言をし続けたが、それがプロイセンを中立に導いたとするのは無理がある。クリミア戦争時、プロイセン国内では西側陣営についてクリミア戦争に参戦すべきであるとする一派と、従来の親露路線を堅持して中立を守るべきであるとする一派とで意見が分裂し、オーストリアという外圧をもってしてもこの内部分裂を克服できず、そうこうするうちに戦争の趨勢《すうせい》が決してしまったのである。つまり、このときプロイセンは内部分裂から主体的に動けず、その結果として中立の立場をとったことになる。

以上の点を総合して考えると、連邦議会公使としてのビスマルクの活動が、当時のプロイセンの外交政策に多大な影響を与えたとすることはできず、客観的に見ればE・コルプが主張するように、フランクフルトでのオーストリアの攻勢に「防御的」に対応した程度でしかなかったのかもしれない。だが、このときの外交経験とますます先鋭化していく反墺姿勢は、この後の彼の人生を考えていく上で軽視できないのもまた事実である。

オーストリアとのあるべき関係とは?

クリミア戦争を通じて、ビスマルクの反墺姿勢はますます明確かつ露骨に示されるようになった。一八五三年一二月、彼はゲルラッハ（兄）に対して、オーストリアの覇権政策のゆえにドイツをめぐってプロイセンは肩身の狭い思いをせねばならず、対決を余儀なくされるとした上で、次のように述べている。

オーストリアが要求しているところに従えば両国が占めるべき場所はなくなり、我々はついにはそれに耐えられなくなるでしょう。我々は互いに口の前にある空気を奪い合って吸おうとしているため、一方が屈しなければならないか、それとも他方によって屈服させられるか、その決着がつくまで我々は敵とならなければならないのです。それがいかに不愉快なものであろうとも、（このような言葉を使うのは申し訳ないのですが）無視することのできない事実であると思うのです。（一八五三年一二月一九／二〇日付、GW, XIV/1, 334）

パリ講和会議を経てクリミア戦争が終結すると、彼はマントイフェル宛の私信（いわゆる「大報告書《プラハトベリヒト》」）のなかで、クリミア戦争後に露仏両国が同盟を結ぶ可能性がある国際情勢の変動を前に、プロイセンがオーストリアに対して明確な対決姿勢をとるべきであるとして、次のように進言する。

ドイツにおける二大勢力の対立状態は、千年の昔から折に触れて、そしてカール五世

〔神聖ローマ皇帝〕以来どの世紀においても定期的に、徹底的な内戦を通して双方の関係を調整してきました。そして今世紀においても、それ以外の手段では発展の時計の針を正せないでしょう。

〔……〕私の確信を申し上げますと、わが国は遠くない将来、オーストリアに対してわが国の存亡をかけて戦わなければならなくなるでしょうし、ドイツにおける事態の進展に他の逃げ道はないので、それを避けるための力はわが国にはないのです。（一八五六年四月二六日付「大報告書」、GW, II, 142）

ドイツにおいてオーストリアとは雌雄を決しなければならない。これが彼の一連の書簡／報告から読み取れることである。我々はこの後に何が起こったのかを知っている。クリミア戦争終結の一〇年後、首相となったビスマルクは実際に普墺戦争に踏み切ることになる（詳しくは第Ⅳ章参照）。この事実を意識してしまうと、連邦議会公使時代の彼の発言が予言めいて見えてきそうだが、次に見る彼の同時期の発言に接したとき、この時期の反墺姿勢を戦争へと直結させる見方が誤った方向に議論を導く危険性を伴うことに気づくであろう。

数学的な事実関係の論理に基づくと、オーストリアが我々の友人とはなり得ないし、またなろうともしないと確信するに至り、それを抑えきることができません。〔……〕私がこちらへ来たときはかなり親墺的な人間でした。もしわが国が存続できるような政策がそこから保証されるのであれば、私は再び親墺的な人間となる用意があります。ただ思うに、現在のような政策のままではできないでしょうが。(一八五六年四月二八日付ゲルラッハ兄宛、GW, XIV/1, 441)

つまり、現状の下では無理かもしれないが、かつての「事前協議体制」に見られるような普墺同権の体制が復活すれば、それまでのような協調的スタンスに戻るというのである。また、ビスマルクのドイツ連邦改革構想を扱ったケレンバッハの研究に至っては、彼は終始普墺協調体制を目指していたとある。

改めて、ビスマルクという人物を一面的に論じることの危険性を痛感させられる。一ついえることは、フランクフルト時代の彼の言動を、後の出来事と直結させて短絡的に評価すべきではないということであろう。彼はこの時期、確かにオーストリアとの対決姿勢を強めていき、その行きつく先の可能性の一つとして対墺戦争という可能性を考えていた。だがそれはあくまでも可能性でしかなく、それ以上でもなければそれ以下でもなかったのである。

ナポレオン三世への接近

この時期、ビスマルクが大きな関心を示した人物がいた。ナポレオン三世である。

ナポレオン一世の甥《おい》にあたるこの人物は、一八四八年のパリ二月革命のときに成立したフランス第二共和政の下で大統領になると、五一年にクーデタを起こし、その翌年には国民の支持を受けて皇帝に即位した。彼はかつてのフランスの栄光を取り戻すべく、ウィーン体制に代わる新たな国際秩序を目指して（あるいは国内の問題から国民の目を逸《そ》らすために）積極的に対外問題に首を突っ込んでいく。そんな彼にとって、クリミア戦争はまさに「渡りに船」であった。彼はイギリスと共にオスマン側に立って参戦し、五六年のパリ講和会議を成功させたのである。勢いに乗るこの皇帝にビスマルクが最初に接触したのはパリ講和会議の前年の八月であり、講和会議の翌年の四月にもパリに再び足を運んだ。

ナポレオン３世（1808～73）

だが、ビスマルクの政治的スポンサーであったゲルラッハ兄弟にとって、彼はプロイセンを一時奈落《ならく》の底に叩《たた》き落とした憎きナポレオンの甥っ子であり、たとえ皇帝を名乗っていようと所詮は革命原理の体現者にすぎなかった。そのため彼らには、一体どのような了見でビスマルクはあの男に接触するのか、全く理解できなかった。ビスマルクは「ボナパルティスト」（ここではナポレオン三世や彼の統治システムに共感を示し、フランスとの同盟を主張する人物の意味）ではないのか、このような疑惑が浮上した。

結論からいうと、彼は「ボナパルティスト」ではなかった。少なくとも本人は否定している。では、なぜナポレオン三世に接近するのか。それはオーストリアとの対立のなかでプロイセンの国益を追求するにあたり、最初からフランスを「敵」としてしまうのは政治的に賢明ではないという「国家エゴイズム」に基づく判断からであった。後日、彼はチェスに譬《たと》えてこう述べている。

現在のところ、フランスは同盟のパートナーとしては最も問題のある相手でしょうが、その可能性は保持しておかなければなりません。なぜなら、チェス盤六四のマス目のうち一六が最初から使えないというのではチェスはできませんし、フランスとの戦争は避けられないという重荷を背負いながら一緒にやっていこうとするのであれば、他の諸国政府とは折り合いがつかなくなるでしょうから。（一八六〇年五月二／四日付ゲルラッハ兄宛、GW, XIV/1, 549）

ゲルラッハとの論戦

だが、いくらプロイセンの国益のためだからといって、何の躊躇いも節操もなくナポレオン三世に接近してよいものだろうか。ビスマルクの盟友となるローンですら、当時そのように考えていたのだから、ビスマルクの属する強硬保守派の面々からすればなおさらのことであったであろう。この点をめぐって、一八五七年春にビスマルクとゲルラッハ（兄）の間で有名な論戦が展開される。そのクライマックスのところを見てみよう。

ゲルラッハ「貴君ほどの聡明な人物が、どうしてLN［ナポレオン三世のこと］のようなたった一人の男のために原理を犠牲にすることができるのでしょう。私も彼には感銘を受けますし、とりわけ彼が節度を保っている点は、彼のような成り上がり者にあっては二重に賞賛すべきことです。しかし、当然のことながら彼は我々の敵であり、いつまでもそうであり続けるのです」（四月二九日付、Gerlach, 206）

ビスマルク「国内政策では私たちは意見を全く同じくしているにもかかわらず、貴方の対外政策に関する見解には、一般的にいって現実を無視していると非難せざるを得ないだけに、馴染むことができません。〔……〕私の国王と国家に仕えるのを職務とする政治のチェスのなかでは、フランスは、その時々に誰が元首の地位にあっても一つの駒《こま》でしかなく、しかも避けることのできない駒なのです。〔……〕もちろん私は、フランスと同盟を結んでドイツに対して陰謀を企てることを求めてはいません。しかしながら、フランス人が我々の邪魔をしない限り、そんな彼らに対して友好的な態度をとるよりも冷たい態度をとることが理性的といえるのでしょうか」（五月二日付、GW, XIV/1, 464-466）

ゲルラッハ「では貴君は、普墺両国が互いに敵対し、ボナパルトがデッサウまでを支配し、ドイツでは彼に諮ることなしには何事もなし得ないような状態を幸福なものと考えているのでしょうか。フランスとの同盟は、一八一五年から一八四〇年までの、他のいかなる列強もドイツ問題に干渉してこなかった状態と置き換えることができるのでしょうか。オーストリアもドイツの中規模諸邦も我々に対して何もしてくれないだろうということは、私も貴君と同様に認めます。ですが私は、フランス、すなわちボナパルトもまた我々に対して何もしてくれないだろうと思っているのです。〔……〕私の政治的原則は革命に対する闘争であり、これからもそうです。ボナパルトが革命の側につかないよう、貴君は彼を説き伏せることはできないでしょう。彼もまた、それ以外の側にはつきたくないでしょう。

なぜなら、彼はそこから明らかな利益を得ているからです」（五月六日付、Gerlach, 210f.）

ビスマルク「『ベルリン報知』紙（*Berliner Nachrichten*）によれば、宮廷で私はボナパルティストであるとされています。これは全く適切ではありません。一八五〇年には私はオーストリアに通じた裏切り者と敵から非難され、我々はベルリンのウィーン人と呼ばれる有様でした。その後になると、我々はロシア皮の臭《にお》いがするとして、シュプレー河畔のコサックとも呼ばれました。私はその当時ロシア派かそれとも西欧派かと問われると常にこう答えてきました。私はプロイセン人であると。私が理想とする外政家は先入観に囚われず、諸外国やその統治者に対して、好き嫌いの印象に惑わされずに決断できる人物です」（五月一一日付、*GW*, XIV/1, 469）

ゲルラッハ「ボナパルト主義ではないかとの批判に対する貴君の弁明を聞くと、我々の間にはまだ大きな開きがあることがわかります。〔……〕貴君がボナパルティストではないことはよく知っています。〔……〕この前の議会において反政府派を貴君がどう見ているかということからだけでも、貴君をボナパルト主義と非難するのはおかしいことがわかります。まさにそれゆえにこそ私には、貴君のわが国の外交政策に対する見方が腑《ふ》に落ち

ないのです」（五月二一日付、Gerlach, 213）

ナポレオン三世に関するビスマルクの発言だけを見ると、いわゆる「現実政治家」としての姿が見えてくるかもしれない。確かに彼は目的のためには手段を選ばず、現実を重視して「国家エゴイズム」に則《のっと》って行動する姿勢を強烈に示し、周囲から反感を買うことも稀ではなかった。だからといって、彼が現実重視の無原則主義者であったかというと、それは誤りである。これはゲルラッハ（兄）の主張から見えてくるのだが、両者の争点はナポレオン三世であり、保守的姿勢、反革命というスタンスでは二人は一切衝突していないのである（驚くべきことにオーストリアに対する認識も両者は一部共有している）。

革命に対して伝統的・保守的要素を擁護する目的は共有していながら、その実現のために伝統的・保守的価値観に拘束されるか否かが分かれ目であり、まさにその一点でもってビスマルクは結果的に強硬保守派と袂を分かつことになるのである。プロイセン君主主義の擁護と反革命という保守的・伝統的要素と、その価値観に縛られず現実的な観点から当時革命的と目されがちなナポレオン三世との協力も辞さないという革新的な要素の共存こそが（第Ⅱ章で見た「オルミュッツ演説」でも見られたが）ビスマルクの政治思想の特徴なのである。

ただ、このときの彼の発言を注意して見てみると、フランスとの同盟にまでは踏み込んでいないことに気づく。恐らくは、ここでゲルラッハ兄弟を怒らせてしまうと本国での自身の政治的基盤を失う危険があるため、その点に懸命に配慮した表れと見るべきであろう。

「新時代」の到来とペテルブルクへの「光栄ある島流し」

一八五八年秋以降、ビスマルクを取り巻く政治的環境は大きく変動する。国王フリードリヒ・ヴィルヘルム四世の精神状態がさらに悪化し、もはや統治者としての任に堪えられなくなると、一〇月に彼の弟ヴィルヘルムが摂政となったのである。三月革命時には反革命のスタンスをとり、自由主義者を弾圧して「榴弾《りゅうだん》王子」と称されたこともあったが、この時期の彼は自由主義者にも接近するほど比較的穏健な政治的姿勢をとるようになっていた。早速彼は穏健自由主義派の内閣を任命し、ここに「新時代」が始まった。

この動きはビスマルクにどのような影響を与えたのであろうか。彼の政治的基盤である強硬保守派、「側近党」は勢力後退を余儀なくされていた。それはすなわち、ナポレオン三世をめぐって彼らと激しく論争していたビスマルクからすれば、直ちにその地位を失う危険から免れたことになる。だがそれは同時に、以前に比べて王室をはじめプロイセンの政府首脳に与える影響力が低下したことも意味していた。

「新時代」においてビスマルクが厚遇されることはなかった。一八五九年一月末にペテルブルク駐在プロイセン公使に任命され、ロシアに派遣されることになったのである。当時のプロイセン外交において、フランクフルトからペテルブルクへの異動は左遷に等しく、彼もまた「光栄ある島流し」のように考えていたという。温暖なフランクフルトに留《とど》まりたい彼にとってこの人事はかなりショックであった。出発直前の心境を彼は次のように漏らしている。

政治的に悪天候となるだろうから、熊の毛皮にくるまり、キャビアと大鹿狩りで気を紛らしながら待つことにするよ。（一八五八年一二月一〇日付妹宛、GW, XIV/1, 495）

一八六二年春に至るまでの彼のペテルブルク時代は、確かに不本意かつ不承不承なところがあったかもしれない。フランクフルト時代に比して目立った功績をあげたわけでもなく、しかも途中で体調を崩して一時は命の危険に曝《さら》されたこともあったのだから、なおさらのことであっただろう。だが、彼がここで皇帝アレクサンドル二世をはじめ、ロシア宮廷や政府首脳とのコネを築くことに成功したことは軽視すべきではない。着任早々、彼は歓迎、厚遇されるだけでなく、外相ゴルチャコフ（後にロシア宰相）に至っては早速立ち入って意見交換をするほどであった。ここで築いた人脈は、彼が首相に就任して以降にその真価を発揮することになり、それがこの後のビスマルク外交を論じる上での重要な大前提となる。

イタリア統一戦争をめぐって

ペテルブルク駐在中に、ビスマルクはまたしてもヨーロッパ国際秩序を揺り動かす大きな事件に遭遇する。一八五九年四月に勃発した、いわゆるイタリア統一戦争である。

ウィーン体制下のイタリアも、ドイツと同様に国家的統一が実現できておらず、北イタリアのロンバルディア地方とヴェネツィアを含むヴェーネト地方は、ウィーン会議の結果、オーストリアの支配下に置かれることになった（ロンバルド・ヴェーネト王国）。ナショナリズム運動が盛り上がりを見せると、その都度オーストリアが躍起になって弾圧したのはそのためである。四八年のウィーン三月革命の際にもリソルジメント（イタリア統一運動）は隆盛を見せ、一時は「ローマ共和国」が誕生したのだが、すでに第Ⅱ章で見たように、ウィーンで反革命が成功するとこの動きは一気に弾圧され、失敗に終わっていた。

その後、サルデーニャ王国がリソルジメントの中心的な役割を果たすことになる。クリミア戦争への参戦を機にフランスとの政治的距離を縮めたサルデーニャは、五八年七月にナポレオン三世の軍事的支援の約束を取り付け（プロンビエールの密約）、五九年四月にフランスと共にオーストリアと戦火を交えた。こうして始まったイタリア統一戦争は、途中フランスがオーストリアと単独講和を結んで戦線を離脱するものの、終始サルデーニャ優勢のうちに戦況が推移し、イタリア北部を勢力下に置くことに成功した。その後、赤シャツ隊を率いるガリバルディが制圧したシチリア島並びにイタリア南部を含める形で、一八六一年三月にイタリア王国が成立する。

イタリア統一戦争の報に接したビスマルクは、遠くペテルブルクからベルリンの外相アレクサンダー・フォン・シュライニッツに対して何度も意見具申を行った。その特徴はいずれも反墺的な色彩で、オーストリアの勝利はプロイセンの国益に合致するものではないというものである。

> わが国は〔オーストリアとの〕同盟関係を有利な方向で変革することができず、またそれを望まないのであれば戦争にかかわってはなりません。オーストリアがフランスに勝利することも、フランスによってドイツの領土が損なわれることも、どちらもわが国にとって好ましいものではありません。それに現時点においては、フランスがドイツの国境線を侵犯する動きに対してロシア、そしてもし可能であればイギリスが保証してくれて戦争が局地化されてくれれば、プロイセンの政策にとって幸いな結果がもたらされるでしょう。
>
> （一八五九年五月三／四日付、GW, III, 34f.）

私はドイツ連邦の現状のなかにプロイセンの欠陥があると見ており、我々がこの欠陥を手遅れにならぬうちに適切な時期に治療しなければ、遅かれ早かれ鉄と火（ferro et igni）による荒療治をせねばならなくなるでしょう。（一八五九年五月一二日付、GW, III, 38）

好戦的な発言も見受けられるが、それは軍事問題に強い関心を抱く摂政ヴィルヘルムを意識したものであるとも解釈でき、留保が必要であろう。オーストリアとの直接対決をどの程度真剣かつ現実的に彼が考えていたかは疑問であるが、オーストリア側に味方するようなことだけは何としても避けなければならないという点に関しては、疑問の余地はない。彼が身内に次のように漏らしている点からも、それは明らかであろう。

もし我々がオーストリアを助けるならば、我々はイタリアにおいてもドイツにおいても、三十年戦争時の復旧勅令以来未だかつて持ったことのないような地位をオーストリアに与えてしまうでしょう。そのとき我々を再び解放するためには、新しいグスタヴ・アードルフ［ドイツ三十年戦争でその名を馳せたスウェーデン王グスタヴ二世のこと］あるいはフリードリヒ二世［一八世紀にオーストリアからシュレージエンを獲得し、プロイセンを強国に導いたフリードリヒ大王のこと］が必要です。（一八五九年五月八日／ロシア暦四月二六日付兄宛、

GW, XIV/1, 520)

ドイツ・ナショナリズムへの接近

これとは別に彼にはこの頃から、ドイツ・ナショナリズムへの接近を意識する発言が目立つようになる。例えば、当時ドイツ・ナショナリズム運動の担い手であった自由主義派の中心的な人物であったヴィクトール・フォン・ウンルーによれば、ビスマルクは「ドイツ人民」をプロイセンの同盟者として見なしていたという。「新時代」の指導者の一人ルードルフ・フォン・アウエルスヴァルトに対しても、彼は「ドイツ人民による国民的な力」こそがプロイセンにとって「唯一の信頼できる支え」となると述べている（一八六〇年一一月三〇日／ロシア暦一一月一八日付、GW, XIV/1, 565）。

こうした彼のドイツ・ナショナリズムに対する姿勢は、一八六一年七月に彼が作成した「ドイツ問題に関する覚書」（最終形は同年一〇月のラインフェルト覚書）のなかでより顕著に見て取ることができる。この覚書は、この年の一月にフリードリヒ・ヴィルヘルム四世の死去に伴って即位した新国王ヴィルヘルム一世（それまでは摂政を務めていた王弟ヴィルヘルム）が七月に娘婿《むすめむこ》が統治するバーデン大公国に赴いた際、同行を命ぜられたビスマルクが、ドイツ問題を中心に今後のプロイセンのとるべき道について思うところをまとめたものである。

このなかで彼は、ドイツ連邦でのプロイセンの立場がオーストリアに比して不平等である問題を指摘して連邦改革の必要性を訴えるのだが、その目的に達するために「分散的な傾向を持つ各邦君主の特殊政策に対して十分な対抗力を提供する唯一の接着剤」として「連邦中枢にドイツ人民から成る国民的代表機関」を設置することを提唱したのである（GW, III, 267f.）。

ドイツ統一を支持するような、ドイツ・ナショナリズムに呼応するこれらの発言を、どのように理解すべきであろうか。一時期の研究では、これらはナショナリストとしてのビスマルクを裏付けるものとしてよく引合いに出されてきたが、果たしてそうなのであろうか。

ここで注意すべきは、それらが独立したものとしてなされたのではなく、常にドイツ連邦内の普墺間の不均衡な状況を意識してなされている点である。確かに彼はフランクフルトに来てからオーストリアに対する反感を日々養ってきた。だがそれは、保守反動という伝統的要素に対してではなく（それには一度も反発していない）、プロイセンを格下の「ジュニア・パートナー」のように扱うオーストリアの態度に由来するものであった。主義や原則に拘泥することなく、「国家エゴイズム」に従ってプロイセンの権力・権益を追求すべきであるとするスタンスをとるからこそ、彼はオーストリアに対抗するために、自身の属する強硬保守派の論理とは相容れないことを承知しながら、ナポレオン三世に接近し、フランスとの提携可能性を閉ざしてはならないと主張したのである。彼のドイツ・ナショナリズムに応じるような発言も、その意味合いで捉えるべきであろう。多民族帝国であるがゆえに、オーストリアに揺さぶりをかける上で、ナショナリズムはこの上なく効果的な手段であったと認めざるを得ない。まさに彼のなかでは、一九世紀の時代潮流としてのナショナリズムは目指すべき目標などではなく、ナポレオン三世同様、「国家エゴイズム」を追求するための手段でしかなかったのである。

だが、大国プロイセンの権力・権益を追求する保守的・伝統的目的を達成するためには、ナポレオン三世であれナショナリズムであれ躊躇うことなく活用するというビスマルクの革新的スタイルは、彼の周囲にいる人間には到底理解できるものではなかった。この覚書の受取人である国王ヴィルヘルム一世もその一人であった。この覚書を見て国王はビスマルクに対する不信感を増幅させてしまったのである。この時期、ビスマルクの名前は閣僚候補として何度も浮上するのだが、彼の革新的側面が引き起こす不信感や懸念が障害となって、そのたびに却下されてしまうのであった。

軍制改革問題とヴィルヘルム一世の苦境

ビスマルクが閣僚候補リストに名前を連ねるようになった背景には、軍制改革をめぐって国王と議会（プロイセン下院）が激しく対立するようになったという状況がある。

当時のプロイセン陸軍は、一般兵役義務（兵役期間は当初は三年間だったが二年間に短縮）の下で一五万程度の規模に据え置かれていた。こうした正規軍の他に、兵役終了後の人々や徴兵から漏れた人々から成る在郷軍《ラントヴェーア》（国土防衛軍）が大きなウェイトを占めていた。だが、人口増加に加え、在郷軍の一部が一八四八年の三月革命時に共鳴した事実も相俟って、軍事問題に強い関心を持つヴィルヘルム一世は、摂政時代から陸軍の改革に意欲的であった。

そこで彼は、一八五九年にローンを陸相に任じ、彼の下で軍制改革を行おうとしたのである。その特徴は、陸軍規模を拡大するとともに兵役期間を三年間に戻し、在郷軍の役割を縮小しようとするものであった。

ヴィルヘルム１世（1797～1888）

自由主義派が多数を占めるプロイセン下院は、軍の規模を拡大すること自体には賛成であったが、それ以外は強く抵抗した。ただでさえ兵役期間は日頃の職業生活が否応なく中断されるために拒絶感があるのに、その期間が延長されることは（兵役後の）日常生活に多大な影響を及ぼさざるを得ないからである。それに、在郷軍はプロイセン改革の精神（国民皆兵の原則）を受け継ぎ、「市民の軍隊」としての認識が定着しており、その役割を縮小するということは「国王の軍隊」である正規軍の役割がますます大きくなることを暗示するものであった。

こうした国王側と議会側の対立のゆえに、一八六一年末のプロイセン下院選挙で自由主義左派のドイツ進歩党が多数派を占めると、国王が望む形での軍制改革は実現困難となり、ヴィルヘルム一世の非妥協的な態度も災いして事態は硬直化してしまう。

一八六二年五月、右記のような状況下でビスマルクはペテルブルクから召喚された。ヴィルヘルム一世の苦境を前に、陸相ローンが彼を首相に推薦したからである。だが、またしてもビスマルクの革新的側面が警戒され、国王はこれを認めなかった。代わって彼に新しいポストが与えられた。パリ駐在プロイセン公使である。

束の間のパリ駐在

パリに赴任したビスマルクだが、彼自身ここでの勤務は束の間であると見ていた。着任早々彼は妻ヨハナに宛てて次のように述べている。

恐らく八日から一〇日後に私は電報でベルリンへ召喚されるだろうし、そうなれば遊びや踊りもおしまいだ。私の敵対者たちが勝利を収めればどんなに私に善行を施してくれることになるのか、どんなに私は心から彼らの勝利を願っているか、彼らが知ってくれているとよいのだけれど！（一八六二年六月一日付、GW, XIV/2, 589f.）

だが、予想に反してベルリンからの呼び出しはそんなにすぐには来なかった。それでも結局のところ、彼の駐在はわずか四ヵ月にも満たないものとなった。その間に彼は、二度ナポレオン三世と会談を行っている。フランス皇帝の方が、プロイセンの首相候補と目されていたビスマルクに目をつけたのである。六月末、普仏提携の可能性を探るナポレオン三世の動きに対して、ビスマルクは「フランスとの間に特定の条項に基づく同盟を結ぶよう努力すべきである」とまではいわないが、「フランスに対抗してオーストリアをわが国の忠実な同盟国として当てにしなければならぬような政策はとってはなりません」（一八六二年六月二八日付、GW, III, 383）と新たにプロイセン外相に就任したアルブレヒト・フォン・ベルンシュトルフに進言している。

その数日後、彼の姿はロンドンにあった。ロンドン万博に出席するためである。だが、彼はこの機会を利用して、当時の英国首相パーマストンや外相ラッセルにも接触した。このときの様子を彼はヴィルヘルム一世に伝えているのだが、はっきりいって好印象を受けたといえるようなものではない。議会主義の原則に基づく彼らの認識は、プロイセンの置かれている状況を十分理解するには至っていないというのである。確かに、イギリスのように議会主義の原則に基づいてプロイセンの政治が行われていたならば、ヴィルヘルムが求める軍制改革など到底実現不可能であっただろうし、そもそもビスマルクの目指すものでもなかった。かつてビスマルクは、議会主義は「目的追求のための一時的な手段としては役に立つ」かもしれないが、プロイセン国家とプロイセン王権をこれまで支えてきたあらゆる原則に照らし合わせてみると、「それ自体が我々の国家生活の目的となる」ことはあり得ないとヴィルヘルムに述べたことがある（一八五三年九月建白書、GW, I, 375）。

この点に関してはL・ガルが端的に指摘するように、あえて内政上の問題を引合いに出すことで国王にイギリスに対する反感を吹き込み、イギリスとの協力が不可能であることを示唆するとともに、王太子フリードリヒ・ヴィルヘルム（妻はイギリスのヴィクトリア女王の長女ヴィクトリア妃）やバーデン大公をはじめとする親英派に対抗しようとして、このような報告を行ったものと考えられる。ちなみに彼はこのとき、一人の野心的な政治家に会っている。ベンジャミン・ディズレーリである。一六年後、彼はイギリス首相としてビスマルクとベルリン会議で相対することになる。

カティとの出会い

プライベートな面でも彼はこの時期、充実した一時を過ごすことができた。それはある一人の女性との出会いによってである。ビスマルクがブリュッセル駐在ロシア公使ニコライ・A・オルロフ侯爵夫人カタリーナと出会ったのは、彼がロンドン訪問を終えた後、フランスを周遊し、八月にスペインとの国境に近く保養地として名高い南仏のビアリッツに赴いたときであった。当時二二歳の「カティ」は「陽気で賢く、愛らしく魅力的で若い」女性で、ビスマルクに多大な影響を与えた女性マリー・フォン・タッデンを想起させるものがあった（一八六二年八月一九日付ヨハナ宛、*GW*, XIV/2, 612)。

彼らの後日の回想がそれぞれ示すように、意気投合した二人がこのとき過ごした瞬間は、どこかたわい無いながらも魅惑的で生気に溢れ、月日が流れても互いに決して色褪せることはなかった。ビスマルクが彼女から別れ際にもらったオリーブの一枝を自分の葉巻ケースに大切にしまって持ち歩いていたことからも、そのことが窺えよう。

なるほど、彼が「カティ」と過ごした時間は充実した貴重なものであり、心躍るものであったかもしれない。だが、公務を放り出して女性と賭《か》け事に現《うつつ》を抜かしていた二〇代の頃とは異なり、このときの彼は自らを取り巻く政治環境を意識しており、ベルリンの情勢を常に気にかけていた。そこへ、彼の下にベルリンから一通の至急電が届いた。それは陸相ローンからのもので、そこにはラテン語の決まり文句とあわせてただ一言、「遅れると危険。急がれたし（Periculum in mora. Dépêchez-vous.）」（一八六二年九月一八日付、*GW-NFA*, IV, 157）とあった。事態はここへきて一気に加速する。

プロイセンの首相へ

ベルリンの情勢はまさに風雲急を告げる状況であった。軍制改革をめぐる議会の対立を打開しようと、ヴィルヘルム一世は下院を解散したのだが(六二年三月)、選挙の結果は裏目に出てしまい、進歩党のさらなる躍進を招いてしまった。八月、陸相ローンは議会側と協議し、兵役期間を二年間とする旨の妥協案でもって事態を打開しようとする。ところが今度は国王が兵役期間の短縮に強硬に反対し、退位も辞さない姿勢を示したのである。ローンは国王の意志に沿って議会との対立を選択したため、議会側は態度を硬化させ、予算成立すら困難になってしまう。

議会との対立が袋小路に陥ったなかで、ローンは先に見たようにビスマルクにすぐにベルリンに戻るよう打電するとともに、改めてヴィルヘルム一世に対し、ビスマルクを首相に据えるよう強く推薦した。何をしでかすかわからないものの、あの男なら事態を打開してくれるかもしれない。九月二二日、国王はベルリンに戻ってきたビスマルクを引見した。その席でビスマルクは(この会談の模様は彼の回想録でしか確認できない)、国王にとって肝心なのは「あれこれニュアンスのある保守主義か自由主義かではなく、国王による支配か議会による支配か」であり「後者は何が何でも、独裁の時期を経たとしても回避しなければならない」ことを納得させることに成功した。そして次のように述べたのである。

このような状況下で私は、たとえ陛下が、私には正しいとは思えないことをお命じになられたとしても、私は自分の考えをはっきりと申し上げはするでしょうが、陛下が最終的にご自身の意見に固執なさるのであれば、議会による支配との戦いで陛下を見殺しにするよりは、陛下と共に破滅の道を選びます。（回想録より、*GW-NFA*, IV, 159）

まさにビスマルクはヴィルヘルム一世に対して、現下の問題に対する具体的な対応策ではなく、彼の有する保守的・伝統的側面、すなわち国王への絶対的な忠誠と彼の立場に対する無条件の支持を前面に押し出すことで、彼の心を摑むことに成功した。この回答にヴィルヘルム一世は満足し、ビスマルクを首相に任じて彼にすべてを任せる決心をしたのである。この後二六年に及ぶ両者の二人三脚、相互の信頼関係が始まった瞬間であった。

ここにプロイセン首相ビスマルクが誕生したのである。四七歳のときであった。

第Ⅳ章　プロイセン首相として——革命を起こされるよりは起こす

Als preußischer Ministerpräsident : lieber Revolution machen als erleiden　(1862–67)

首相就任

一八六二年九月二三日、ビスマルクはプロイセン首相に就任した（この時点ではプロイセン国務相兼暫定閣議議長であり、正式に首相兼外相となったのは一〇月八日のことである）。ついに彼は「至高なる自我」を満足させることのできる、プロイセン臣下として最重要かつ最高の地位を手にしたのである。当時の心境を彼はこう漏らしている。

仕事は多く、幾分疲れるし、十分には眠れないが、何事も最初は難しいものだよ。だが神のお力添えのおかげで少しずつよくはなってくるだろうし、現に今はいい感じだよ。ただ、常に注目され続ける生活というものは幾分嫌なものだね。（一八六二年一〇月七日付ヨハナ宛、GW, XIV/2, 623）

ビスマルクの首相就任に対するプロイセン国内の反応は冷ややかなものであった。反動主義者にして時代錯誤的な「封建的」利害の代弁者、これが彼の評判であった。そんな「田舎ユンカー」に、軍制改革問題に端を発する国家の一大事を解決することが果たしてできるのだろうか。大勢はそれに否定的な観測をしており、この政権は長続きしないと見られていた。

だが、この評価の一体どこが的外れなのだろうか。そもそも彼が首相に抜擢《ばってき》されたのは、外交官としての功績が評価されたからでもなければ、彼が以前から何度も主張してきた対墺強硬論が政府の方針として採用されたからでもない。自由主義派との間に強力なコネがあったからでもなければ、議会運営の手法に定評があったからでもない。彼が抜擢されたのは、国王側と議会側の衝突が国王退位の可能性をも含んだ深刻な政治危機へと発展し、こうした事態を打開すべく陸相ローンがビスマルクをヴィルヘルム一世に強く推薦したからに他ならない。つまり、当時のプロイセン国内の政治危機が彼に首相への道を開いたのである。

だからといって、ビスマルクの首相就任を単に状況の変化のなせる業として片づけるのは、あまりにも彼を過小評価するものである。王妃アウグスタの助言もあってビスマルクに対する警戒心を払拭《ふっしょく》できなかったヴィルヘルム一世が最後に拠《よ》り所としたのは、君主主義への絶対的忠誠という彼の保守的なスタンスであり、彼が有する伝統的な側面であった。これがなかったならば、彼は首相はおろか外交官にすらなれなかったであろう。しかしながら、もし彼が単なる保守的な人物でしかなかったならば、国家の非常時に首相に抜擢されることもなかったであろう。ヴィルヘルム一世もローンも最後は、保守的でありながら何をしでかすかわからないビスマルクに賭けたのである。それらの点を見落としてはいけない。

政権の座について意気込むビスマルクは、直後に思わぬ形で苦境に陥ってしまう。きっかけは、一八六二年九月三〇日に彼が下院予算委員会で行った演説であり、それ以降今日に至るまで、彼はこの演説のゆえに「鉄血宰相」の異名を奉られることになる。いわゆる「鉄血演説」である。

「鉄と血によって」――鉄血演説とその影響

ドイツが注目しているのはプロイセンの自由主義ではなく、その力であります。バイエルン、ヴュルテンベルク、バーデンは自由主義に気ままに振舞わせたらいいでしょう。しかし、だからといってこれらの諸国にプロイセンの役割を割り当てようとする者は誰もいないでしょう。プロイセンはすでに幾度か好機を逃してしまいましたが、次の好機に向けて自らの力を結集し、それを維持していかねばなりません。ウィーンの諸条約によって定められたプロイセンの国境は、健全な国家の営みにとって好ましいものではありません。現下の大問題が決せられるのは、演説や多数決によってではなく――これこそが一八四八年と一八四九年の大きな誤りでした――鉄と血によってなのであります。（GW, X, 140）

「鉄と血によって」――すなわち軍事力でもって（普墺両国を取り巻く）ドイツ問題という

「現下の大問題」を解決しようと主張したのである。当該箇所を見ればわかるように、彼は決して「鉄と血によって」軍制改革、さらには予算の問題を解決するとしたわけではない。このときの主眼は、予算案の否決を何とか阻止することにあり、自由主義派に対して妥協する用意がある意思を示すことにあった。そのために、わざわざアヴィニョンから持ち帰った（平和のシンボルである）オリーブの枝を示すという芸当すらやってみせたのであった。そして、自由主義派が強く解決を望んでいるドイツ問題をあえて引合いに出すことで、こうした「現下の大問題」を前に軍制改革や予算といった問題では妥協できるはずだと主張したかったのである。

だが、事態はビスマルクの思惑とは正反対の方向に進んだ。「鉄と血によって」――この明快な表現とその響きは、「演説や多数決」への蔑視《べっし》と相俟って、彼らに暴力的な支配を連想させるには十分なものがあった。下院の自由主義派はこの演説に敏感に反応し、激しく反発し、新聞等を通じて広く世に知らしめ、世論を騒がせたのである。ビスマルクの周囲の保守的な人間ですらこの演説には鼻白むほどであった。

「鉄血演説」への反発は相当大きく、ビスマルクはそれを抑え込むことができなかった。そのため彼は、このときバーデン大公国から帰途についていたヴィルヘルム一世を途中で出迎え、国王の支持を確保すべく懸命に振舞わざるを得なかったのである。いかにビスマルクの足元が自分の発言のせいで不安定になってしまっていたかが窺えよう。「鉄と血によって」——明らかに失言であった。

こうして予算成立の目処《めど》が立たないまま、一〇月一三日に議会は閉会した。

プロイセン憲法紛争

ビスマルク政権と自由主義派の抗争は「プロイセン憲法紛争」と呼ばれている。軍制改革、さらにはそれと連動した予算案をめぐる双方の衝突が、プロイセン憲法の解釈をめぐる問題にまで話が及んだからである。

憲法の規定によると、予算が成立するためには国王(政府)、上院、下院の三者の合意が必要であった。このときは下院が反対したために(ちなみに上院は承認)予算が成立しなかった。では、予算が成立しなかった場合はどうなるのか。ここで問題となったのは、その点に関する規定が憲法になかったことである。ビスマルクはここに見られる憲法上の「隙間《すきま》」をついて、国家の活動を一瞬たりとも停止できない以上、政府は支出を行っていく義務があるとして、予算なしの統治を続けるスタンスを示し、国王の了承の下にそれを強行したのである。だが、これが自由主義派の反発を一層強める結果となった。

一八六三年一月に議会が再開すると、下院は予算なしの統治が憲法違反であると非難し、その決議を圧倒的多数で採択した。自由主義派とは折り合いがつかないと見るや、ここへきてビスマルクは一転して対決姿勢を鮮明にして抑圧策を展開した。具体的には、六二年一二月に発した官吏令を通じて、政府の方針や見解に逆らった官吏を次々と処罰していったのである。標的は、裁判官や公務員職に就いている自由主義派の議員であった。彼は人事権を行使して、左遷や懲戒処分でもって厳しく対処したのである。

こうして憲法紛争は泥沼化していくことになる。

ドイツ連邦改革をめぐるオーストリアとの対立

「鉄血演説」から一八六三年初頭にかけて、ビスマルクは自らの失言のゆえに、下院で多数派を占める自由主義派との間で出口の見えない戦いを強いられていた。だが、彼が戦わなければならない相手は他にもいた。ドイツ連邦改革をめぐって激しく対立するオーストリアである。

ここで、クリミア戦争後からビスマルク政権成立までの普墺関係について概観しておきたい。結論から先にいうと、プロイセンが経済面で優位に立ち、それに対してオーストリアがドイツ問題（ドイツ連邦改革）で逆攻勢をかけてくるという構図であった。

一八五〇年代に入ると普墺両国を含め、ドイツ地域で本格的な工業化（産業革命）が展開するのだが、なかでもプロイセンのそれは他の諸邦を大きく引き離すほどのテンポで進行した。その最大の要因は、プロイセンが（かつてフリードリヒ大王がオーストリアから奪取した）シュレージエンに加え、ウィーン会議の結果、主要な炭鉱地帯であり屈指の工業地帯となるライン地方のルールとザールを領有していたからである。しかも、プロイセンは一八三四年に発足したドイツ関税同盟を主導しており、この時期にはオーストリアを除くほぼすべてのドイツ諸邦を傘下に置き、一大関税圏を築いていたのである。

これに対してオーストリアは、何とかしてこの関税圏に食い込もうとして「関税連合」を画策するのだが、一八六二年三月二九日に仮調印された普仏通商条約（八月二日に締結）によって頓挫《とんざ》してしまう。この条約は、同時期のイギリスに端を発する自由貿易主義の影響を受けて、低関税を前提に結ばれたものであり、プロイセンの圧力によってドイツ関税同盟もこれに追従することになった。だが、オーストリアはこれから自国の工業を育成・保護するために（高い税率の）保護関税を必要としていたため、こうした動きについていけなかったのである。その結果、オーストリアはプロイセン中心の経済圏から締め出される形になってしまう。

イタリア統一戦争に敗れた直後ということもあって、オーストリアはここで巻き返しを図るべく、ドイツ連邦改革問題を通じてプロイセンに対して攻勢に転じた。ビスマルクが首相に就任する直前の一八六二年八月一四日、オーストリアは他の中規模諸邦と共に、ドイツ連邦加盟各邦の議会の代表者から成る議会を創設する旨の改革案を提出してきたのである。この改革案は、オーストリアを含めた「大ドイツ」的な方向でドイツ問題を解決する道を不十分ながら開くものであったために（同年一〇月末にはこの動きに呼応するかのように、小ドイツ派の「ドイツ国民協会」に対して大ドイツ派の「ドイツ改革協会」がフランクフルトで結成され、南ドイツで盛り上がりを見せていた）、プロイセンとしては連邦内における自国のプレゼンス低下を防ぐべく、何としても阻止する必要があった。

以上が、ビスマルクが政権に就いたときの普墺両国を取り巻く政治的環境であった。このような状況下で彼は、前政権の方針を継承し、戦争も辞さない強硬姿勢でオーストリアの攻勢に対抗する。例えば、一二月初めに行われたベルリン駐在墺公使カーロイとの交渉では、プロイセンの勢力圏であるはずの北ドイツ（ここでは特にハノーファー王国とヘッセン・カッセル選帝侯国）に対して、オーストリアが影響力を行使して勢力を伸張していると批判し、もしオーストリアがかつてのシュヴァルツェンベルク流の政策をとり続けて、北ドイツでのプロイセンの勢力圏を認めようとしないのであれば「破滅」を招くことになると威嚇した。後日、彼はさらに露骨に「我々は銃剣を交えることでしょう」（一八六二年一二月二七日付カーロイ発墺外相レヒベルク宛第一二二号報告、*APP*, III, 145）とさえいったのである。このとき彼は、ハノーファーとヘッセン・カッセルに対しても同様の強硬姿勢を示して圧力をかけた。その結果、オーストリアが提唱した連邦改革案は翌六三年一月二二日のドイツ連邦議会で否決されたのである。憲法紛争で苦境下にあったビスマルク政権にとって、初の政治的な成功と呼べるものであった。

アルヴェンスレーベン協定

一八六三年一月、ロシア領ポーランドで民族解放運動と結びついた蜂起が発生した。ポーランドはフランス革命以前からプロイセン、オーストリア、ロシアの三国間で三度にわたって分割され（ポーランド分割）、一七九五年には地図上からその姿を消していた。ナポレオン戦争時にいったんワルシャワ公国が創建されたものの、ウィーン会議後は再び普墺露三国の支配／勢力下に置かれていたのである。このような状況下でロシア支配下のポーランドで蜂起が生じたとあって、プロイセンにおいてナショナリズム運動を担う自由主義派はいうまでもなく、英仏両国までもがポーランド側に同情的であった。

憲法紛争下にあって、オーストリアの攻勢を何とか退けたばかりのビスマルクは、内政・外交両面からこの動きを放置することができなかった。先述したように、プロイセンもまたポーランドの一部を支配しており、この蜂起がプロイセン領にまで飛び火する恐れがあったからである。だが、さらに深刻であったのは、このときロシア宮廷には、とりわけフランスとの関係を考慮してポーランドに大幅な譲歩をしてもよいとするグループが存在していたことである。ビスマルクにとって、彼らの台頭は到底容認できるものではない。もしここで露仏同盟が成立しようものなら、ドイツ問題におけるプロイセンの行動が制限されるどころか、最悪の場合には二正面戦争を惹起《じゃっき》するかもしれないからである。そのため、L・ガルの言葉を借りれば、ロシアを「反革命的」で「反民族主義的な〔プロイセンとの〕同盟という伝統的な路線」へ回帰させる必要があったのである。

そこで、国王高級副官グスタフ・フォン・アルヴェンスレーベンが急遽《きゅうきょ》ペテルブルクに派遣された。そして二月八日、いわゆる「アルヴェンスレーベン協定」が結ばれた。この協定はロシアがポーランド蜂起を弾圧することを支持したもので、具体的には、普露双方の軍隊が蜂起した人々を追撃する際、相互に越境を許可することを含めて協力し合うというものであった。

ビスマルク自身によれば、この協定はその後の普露関係に道を開くものであり、プロイセン外交が成功を収めるにあたり重要な前提条件であったとして高く評価している。E・エンゲルベルクをはじめ、この評価を踏襲する先行研究も少なくない。確かに、クリミア戦争以降、「アルヴェンスレーベン協定」に見られるような普露間の友好関係が、この後に展開されるドイツ統一戦争に結果的にプラスに働いたことは事実である。

しかしながら、彼の評価を鵜呑《うの》みにすることはできない。このときビスマルクは、ロシアとの幅広い連携を望んだのだが、ロシア側（特に外相ゴルチャコフ）はそこまで望んでおらず、この協定が原因でビスマルクが国内外で苦境に立たされたときには、すげない態度をとったのである。この点を踏まえると、このときの普露間の友好関係とはどの程度確固としたものであったのかと疑問に思わざるを得ない。だからといって、この協定が全く何の役にも立たなかったとするのはあまりにも過小評価であろう。第Ⅶ章で見る「再保障条約」ではないが、L・ガルが指摘するように、一応はある程度までロシアをフランスの側に追いやらず、プロイセンに好意的な立場に引き留めておくことには成功したと評価できるからである。

だが、そのためにビスマルクが支払うことになった代償はあまりにも大きかった。対外的には英仏両国に加え、オーストリアまでもがビスマルクの反ポーランド的干渉政策に抗議してきたのである。特にオーストリアは、動機が何であれ結果的には反プロイセン、親ポーランド的な姿勢となったため、ドイツ連邦内にあって（自由主義派の間でも）威信を回復することにつながり、この年の夏の連邦改革（「諸侯会議」）への重要なステップになった。E・コルプは、このときプロイセンは一歩間違えれば国際的に孤立しかねない危機的な状況に陥っていたと指摘するが、それはあながち的外れではない。

対内的には、ポーランド側に同情的な自由主義派がビスマルクの措置に猛反発し、ただでさえ収拾の見通しがつかない憲法紛争において、火に油を注ぐ結果となってしまった。彼らの政府に対する対決姿勢は一層先鋭化し、五月には政府の政策への一切の協力拒否と内閣交替を求める上奏文を圧倒的多数で決議したのである。数日後、議会は閉会した。

ビスマルクの立場は一層苦しいものになった。

自由主義派への対抗

ここで強硬姿勢を崩すビスマルクではなかった。六三年六月、彼は出版令を出して、（主に自由主義派を標的にした）新聞や雑誌の規制・統制に乗り出し、さらなる締め付けを行った。ところが、これもまた大変不評なものであり、憲法紛争をさらに激化させ、国内の反発を一層買うものとなった。この出版令をめぐっては、王太子フリードリヒ・ヴィルヘルムがダンツィヒ（現在のポーランドのグダンスク）の市歓迎式典の際に政府の措置に反発する発言をするほどであった。

ビスマルクが「全ドイツ労働者協会」の指導者である社会主義者、フェルディナント・ラサールと接触したのはちょうどこの頃である。ラサールはこの年の五月に、自由主義派の影響を受けずに労働者階級独自の政治組織化を目指して同協会を立ち上げたばかりで、国家援助による生産協同組合の結成を唱えるとともに、普通・平等・直接選挙の実現を訴えていた。そんな彼にビスマルクは目を付けた。いうまでもないことだが、ビスマルクが社会主義に共感を示したことは一度もない。彼がラサールに接近したのは、自由主義勢力に対して共同戦線を張るという戦術的色合いが極めて強かったのだが、選挙制度に関しても彼は別の意味からラサールの意見に賛同するところがあった。

当時プロイセンは三級選挙制度をとっていた。これは満二四歳以上の成人男子普通選挙なのだが、選挙民を納税額に応じて三つの級に分け、原則として各級で同数の選挙人を選ぶという不平等・間接選挙であった。また、投票は公開・口頭で行われたために、地主やその土地の有力者に有利であり、ビスマルクをはじめ保守派のユンカーにとっては決定的に有利な制度であるはずであった。ところが、一八五〇年代に入ってからドイツで本格化した工業化のゆえに、自由主義勢力の母体であった市民階層（特に中間層）が大きく台頭し、それが選挙の結果に如実に反映され、下院で彼らが多数派を占めるまでに至っていた。そのためビスマルクは、自由主義に「染まっていない」保守的な民衆である農民層を政治に取り込もうとして普通・平等・直接選挙を望むようになったのである。

だが、こうした戦術もこのときは大きな効果を見せなかった。事態を打開すべく六三年九月に下院の解散に打って出たのだが、一〇月の選挙は選挙制度を変えずに行われ、その結果、自由主義派が多数を占める状況を崩すことができなかったのである。国内の不人気は絶頂に達し、ビスマルク政権は依然として突破口を見出せず、ますます苦しい状況に追い込まれた。

オーストリアとの衝突再び――フランクフルト諸侯会議

対外的にもビスマルクの苦境は続いていた。ドイツ連邦改革をめぐって、オーストリアが再度攻勢を仕掛けてきたからである。

オーストリア皇帝フランツ・ヨーゼフは六三年八月三日、療養先のガスタインに滞在するヴィルヘルム一世を訪れ、一六日に連邦加盟各邦の君主をフランクフルトに集めてドイツ連邦改革を話し合う「諸侯会議」へ招待したのである。このときの改革案は、従来の各邦公使からなる連邦議会の他に、諸侯会議と各邦の議会の代表から成る代表者議会、そして連邦裁判所の三者によって中央機関を構成し、その頂点にはオーストリア皇帝、プロイセン王、バイエルン王、そして輪番制で交替する二名の君主を交えた五頭制の執政府を設けるというものであった。これをもって「大ドイツ」的な統一国家が誕生するわけではなかったが、国家同盟でしかなかったドイツ連邦を多少なりともドイツ国民国家へ近づける改革であり、このなかでは主導者であるオーストリアに比してプロイセンのプレゼンスが一層低下する恐れがあった。

この提案に外交官時代以来、常に普墺同権を主張してきたビスマルクが同意するわけがなかった。しかも、このような提案を彼の頭越しに直接プロイセン王になされたとあって、彼の苛立ちは一層強いものとなっていた。国王をフランクフルトに行かせてはならない。彼は自らの辞職をちらつかせながらヴィルヘルム一世を猛説得し、国王のフランクフルト行を阻止することに何とか成功した。

だが、これで事態は終わらなかった。オーストリアはヴィルヘルム一世の欠席にもかかわらず「諸侯会議」を開催し、先述した改革案が採択されたのである。そこでビスマルクは、九月一五日付でプロイセンのとるべき対応を示した。それによると、プロイセンが提示する条件をオーストリアが呑めば改革案を受諾するというもので、その内容は普墺両国の連邦内における同権化の実現に加え、各邦の議会の代表から成る代表者会議に代わって、ドイツの「全国民が直接に参加して成立する国民代表議会」を設置するというものであった（一八六三年九月一五日付ヴィルヘルム一世宛報告、GW, IV, 166-171）。オーストリアが絶対に呑むことができない、ナショナリズム運動に共鳴するような過激な提案をすることで、改革案そのものを葬り去ろうとしたのである。

「全ドイツ国民から成る国民代表議会」という提案を、ビスマルクはどの程度真剣に考えていたのであろうか。それともこれは単にオーストリアへの対抗戦術程度でしかなかったのであろうか。彼は首相に就任して以降、このような提案を幾度となく行っているのは事実である。ラサールとの協議の折にも垣間見えるように、ドイツの大衆を味方につけるという、革新的でこれまでにない創造的な提案をかなり前向きに考えていたことが窺える。

しかし、だからといって彼がそれに基づいてドイツ・ナショナリズムの動きに呼応してドイツ統一を求めていたとするには、いささか飛躍があるように思える。かつてビスマルクがヴィルヘルム一世に提出した覚書——これは一八六六年に至るまでのプロイセン外交の見取り図を示したものとして有名である——を見ると、彼はプロイセンが「［ドイツ］連邦の条約網から解放」されれば重畳であると見ており、「ドイツ連邦の存続いかんにかかわらず、それと並んでか、あるいはそれとは別個にプロイセン国家に内在する重みを完全に発揮する」にはドイツ関税同盟が有効であること、その際には既存のドイツ関税同盟を改変して「同盟諸邦の住民から成る代表機関」を設立すべきであると考えていたのである（一八六二年一二月二五日付覚書、GW, IV, 30-32）。一見するとナショナリズムを背景にした革新的な提案のように見えるが、彼の目指すものは結局のところ、プロイセンの大国化という、自らが継承してきたそれまでの伝統的要素を擁護・発展させたものでしかなかったということになろう。

ビスマルクを取り巻く政治環境は依然として厳しく、憲法紛争も泥沼化していた。まさに八方塞《ふさ》がりの状況のなか、彼を救ったのはまたしても「外からの刺激」、すなわち外的状況の変化であった。シュレースヴィヒ・ホルシュタイン問題である。

シュレースヴィヒ・ホルシュタイン問題

シュレースヴィヒ公国とそれに隣接するホルシュタイン公国はユトランド半島南部に位置し、ホルシュタインの南端に隣接するラウエンブルク公国とともに、当時はデンマーク王国と同君連合関係にあった。ホルシュタインとラウエンブルクはドイツ語住民から成っており、いずれもドイツ連邦に加盟していたのだが、シュレースヴィヒにはドイツ語住民とデンマーク語住民が混住しており、ドイツ連邦には含まれていない。

ここで問題となったのがシュレースヴィヒであった。中世以来シュレースヴィヒとホルシュタインは不可分の存在として伝統的に一つの地域を形成してきたのだが、一九世紀の時代潮流であるナショナリズムの原則に基づけば、この紐帯は不自然なものとなってしまう。従って、デンマーク側のナショナリズム勢力は、シュレースヴィヒをデンマークへ併合することを要求し、他方ドイツ側のナショナリズム勢力は、両公国を結びつける従来の伝統的な紐帯を引合いに出して、シュレースヴィヒをデンマークから切り離してドイツ側に含めることを要求したのである。

ここに同君連合の関係にあるデンマーク王国の継承問題が事態をさらにややこしくさせた。デンマークでは女系相続の君主は容認されていたのだが、シュレースヴィヒ、ホルシュタイン両公国は男系相続の君主しか認めない立場をとっていたからである。

シュレースヴィヒをめぐっては、一八四八年に三月革命が勃発して両公国に革命臨時政権が成立すると、それを支援するプロイセンとそれに反発するデンマークの間で戦争が勃発する（デンマークでは「第一次スリースヴィ戦争」と呼ばれている）。このときはロシアやイギリスなどの介入もあってプロイセン軍は撤退を余儀なくされ、一八五二年のロンドン会議において両公国が原状（デンマークとの同君連合関係）に復帰するとともに、女系相続の君主を容認することが確認された（ロンドン条約）。だが、この解決はドイツ側、デンマーク側双方のナショナリズム勢力を満足させるものではなかったため、火種は完全に取り除かれず、その後も燻《くすぶ》り続けることになる。

一八六三年一一月、事態は大きく動き出した。このときデンマークでは念願のシュレースヴィヒ併合を定めた新憲法（一一月憲法）が議会を通過した。しかもその直後にデンマーク王フレゼリク七世が急死した。ロンドン条約に基づいて、彼の後には前王の姪の配偶者にあたるグリュックスボー家のクリスチャン九世が即位し、しかもすぐさま新憲法に署名したために、シュレースヴィヒ・ホルシュタイン問題がここに激しく再燃したのである。

このときナショナリズムに沸くドイツ世論と（普墺を除く）ドイツ連邦各邦は、シュレースヴィヒをデンマークから切り離して、ホルシュタインとともにドイツへ編入することを求めた。そして、男系相続による継承権を主張してシュレースヴィヒ・ホルシュタイン公として即位宣言を行ったアウグステンブルク家のフリードリヒ八世を支持したのである。こうしてシュレースヴィヒをめぐるドイツ側とデンマーク側の対立は一気に緊迫したものとなった。

「最も誇りに感じている外交戦」

後年、ビスマルクが当時を振り返って「これは私が最も誇りに感じている外交戦だ」（一八七七年一〇月二〇日のモーリッツ・ブッシュとの対談にて、GW, VIII, 231）と評しているように、緊迫するシュレースヴィヒ・ホルシュタイン問題に際してとった彼の対応は、見事としかいいようがない。

彼はクリスチャン九世の即位を正当なものと認めた上で、ロンドン条約に違反してシュレースヴィヒ併合の動きをとったデンマークに対して、武力行使に踏み切る姿勢を示したのである。かねてからビスマルクは「わが国にとって望ましいやり方でデンマーク問題全体を解決するには戦争しかない」（一八六二年一二月二二日付カールスルーエ駐在公使フレミング宛、GW, IV, 28）としていたが、このときは沸き起こったナショナリズムの動きに呼応するのではなく、列強間で取り決められた国際秩序を維持するスタンスをとったのである。その理由を彼は次のように述べている。

もし今日わが国が、協会の唱える民主主義の網に絡まった〔ドイツの〕小規模諸邦の政策に身を投じ、列強に対して背を向けようものなら、〔プロイセン〕君主国を内外に対して最も悲惨な状況に陥らせてしまうことになるでしょう。〔……〕貴殿は「ドイツの世論」のなかに、すなわち議会や新聞といったもののなかに、連合政策あるいは覇権政策をとるにあたってわが国を支え、あるいは助けてくれる何かがあるとお考えなのでしょう。それは私にいわせれば、とんでもない思い違いであり、幻想です。わが国の強さは議会政治やプレス政策にではなく、武力に基づく大国政策にのみ由来するものなのであり、わが国は誤った前線において、常套句《じょうとうく》やアウグステンブルクのために消耗できるほど十分持続可能な力を持ち合わせてはいないのです。（一八六三年一二月二四日付パリ駐在大使ゴルツ宛、GW, XIV/2, 659）

対外的な効果は絶大であった。このとき彼は、ロンドン条約に基づく国際秩序を破ったのはデンマークであることを印象づけ、プロイセンは「平和攪乱者《かくらんしゃ》」ではなく「ヨーロッパ秩序の共同保証者」との評価を獲得し、他のヨーロッパ列強の介入を（当面の間ではあったが）阻止することに成功したのである。それどころか、国内事情のゆえにナショナリズムの動きに一切否定的な姿勢をとるオーストリアの協力を得ることができた（一八六四年一月一六日に普墺協定を締結し、共同歩調をとることを約束）。まさに彼は「大義名分」を手中に収め、主導権を握ったのである。

このとき、彼の行動を束縛する恐れは、むしろ国内にあった。先述したように、アウグステンブルクを支持する動きはナショナリズムの波とともにドイツ中に広がっており、プロイセンもその例外ではなかった。王妃アウグスタや王太子をはじめ、アウグステンブルクに同情的な人物が少なからず存在し、国王ヴィルヘルム一世もその気になりつつあったのである。そのため、ビスマルクの対応は国内では極めて不評であり、またしても強烈な反発に遭遇した。自らの政策を進めるためにも、ビスマルクはここで何としても国王の支持を取り付ける必要があった。このとき、憲法紛争で悪化の極みに達していた下院との対立関係が彼に有利に作用した。下院の自由主義派を煽《あお》って反発を高めることなど「鉄血宰相」には造作もないことであった。こうして彼は引き続き国王の信任を確保し、先述した方針をとることができたのである。

デンマーク戦争

デンマークでは「第二次スリースヴィ戦争」と呼ばれるこの戦争は、一八六四年二月一日に戦端が開かれた。「ドイツ・デンマーク戦争」と呼ばれることもあるのだが、実際にはドイツ連邦各邦が普墺両国の主張を認めず軍を動員しなかったため、普墺両国とデンマークとの間の戦争ということになった。ドイツ連邦各邦はおろか世論からも支持されない戦争であった。それはビスマルクが、ドイツ中が共感・支持するアウグステンブルクではなくロンドン条約を優先する姿勢を示したからである。だが、それゆえにこそ、デンマークが当てにするイギリスやフランスの介入を当面は防ぐことができた。

そのため、この戦争ではデンマークの劣勢が決定づけられた。戦線はユトランド半島に拡大し、四月一八日には激戦の末にデンマーク側のデュブル堡塁《ほうるい》が陥落した。こうした事態に、かつてシュレースヴィヒ・ホルシュタイン問題を調停した実績を持つイギリスがロンドンで国際会議を開いて調停を試みるのだが、何の成果も得られなかった。それを受けて普墺両国は戦闘を再開、一時はデンマーク海軍が勝利を収めたものの、六月末にプロイセン軍がシュレースヴィヒの東岸に面するアルス島に上陸して数日後に同島を占領すると、決着がついた。

八月一日、ウィーンで普墺両国とデンマークの間で講和が結ばれた（この時点では仮条約であり、正式な講和条約は一〇月三〇日に締結）。その結果、デンマークが有していたシュレースヴィヒ、ホルシュタイン両公国の主権はラウエンブルクのそれとあわせて普墺両国に譲渡され、両国の共同管理下に置かれることになった。その後、この決定は翌六五年八月一四日に両国間で結ばれたガスタイン協定で修正され、シュレースヴィヒはプロイセンが、そしてホルシュタインはオーストリアが管理することになる。ラウエンブルクに関しては、プロイセンが金銭で購入し、単独領有することになった。ちなみに、この功績でビスマルクはヴィルヘルム一世から世襲の伯爵に叙されている。

揺れ動くビスマルクの対墺姿勢

デンマーク戦争での勝利を経て、普墺間に横たわる対立は緩和するかと思いきや、逆にさらに深刻なものとなった。その原因は、デンマークから獲得したシュレースヴィヒとホルシュタインの扱いであった。ビスマルクは北ドイツにおけるプロイセンの覇権を確立すべく両公国の併合を目論《もくろ》んでいたのに対し、オーストリアからすればそのような一方的な譲歩を強いられる筋合いはなく、プロイセンに対して協調路線を継続するか、それとも一転して強硬姿勢をとるかで意見がまとまらず、最終的にはアウグステンブルクに両公国を譲渡する方針をとることになったからである。こうした両国の対立は、最終的には一八六六年の普墺戦争に結実する。しかし、だからといってこの時期のビスマルクがオーストリアに対して対決姿勢一辺倒であったかというと、そうではない。このとき彼は、対立路線と協調路線の間でジグザグに揺れ動くのである。

ここで話はウィーンでデンマークとの仮講和が結ばれた直後の一八六四年八月下旬に遡る。このときビスマルクはオーストリア外相レヒベルクから普墺提携の打診を受けた。それによると、オーストリアがイタリア方面において軍事的に巻き返しを行う際（具体的にはロンバルディア奪回）、プロイセンがそれを支援してくれるのであれば、両公国をプロイセンに譲渡してもよいというのである。だが、ビスマルクはこの提案を拒絶した。それどころか彼は、関税同盟をめぐる交渉においても、オーストリアをそこに加えないと明確な姿勢を示したのである（この交渉失敗が影響してレヒベルクは失脚する）。

このまま対立路線を突き進むかと思いきや、一八六五年五月二九日に行われた御前会議の席では急にトーンダウンしてしまう。この会議ではシュレースヴィヒとホルシュタイン両公国を併合する方針が定められ、陸相ローンやこの後の戦争でプロイセンを戦術的に勝利に導くことになる参謀総長ヘルムート・フォン・モルトケをはじめ、オーストリアとの戦争も辞さずとの意見が圧倒的であった。だがビスマルクは、ナポレオン三世並びに国内世論の動向を気にして、この時点での対墺開戦に反対し、そのタイミングを先延ばしにするよう主張したのである。そしてその約二ヵ月半後の八月一四日には、先述のようにオーストリアとの間でガスタイン協定を結び、普墺協調の道を残したのである。

ちなみに、ラウエンブルク獲得を含め、このガスタイン協定に国内世論は猛反発した。ラウエンブルク獲得は議会の同意を得ていない上、普墺両国による両公国の分割管理がアウグステンブルクのシュレースヴィヒ・ホルシュタイン公即位の動きを遠ざけることになるからであった。

このようにジグザグに見えるビスマルクの対墺姿勢をどのように説明したらよいのか。今日のビスマルク研究では異口同音に、彼が北ドイツにおけるプロイセンの覇権確立に向けて、オーストリアとの武力対決路線と和平協調路線の両方を同時に進めていたと主張する。恐らくこの主張の基にあるのは、アメリカの歴史家O・プフランツェの「オルタナティヴ・テーゼ」であろう。この説によれば、ビスマルクの政治は常に複数の選択肢を確保するものであったとして、このときはオーストリアとの戦争という選択肢に加え、プロイセンが北ドイツに、オーストリアが南ドイツ（とイタリア）にそれぞれの勢力圏を設けるという勢力圏分割構想に基づいて両国の協調と共存を図るという選択肢を最後まで持ち続けたというのである。このテーゼは今日に至ってもなお健在である。

もちろん、この「オルタナティヴ・テーゼ」に対しても異論がないわけではない。勢力圏分割構想に基づく普墺協調路線が、果たして戦争に代わる同等の「選択肢」たり得たのかというのである。確かにオーストリアは、イタリア統一戦争で敗れたとはいえ、シュレースヴィヒ・ホルシュタイン問題でプロイセンに一方的に譲歩せざるを得ないほど追いつめられていたわけではなく、両公国をプロイセンが併合するには、オーストリアとの武力衝突は避けられなかったであろう。それに彼は、一八六五年一〇月に南仏のビアリッツでナポレオン三世に接近し、具体的な地名こそ挙げなかったものの、支援の見返りとしての領土補償を匂《にお》わせながら、オーストリアとの戦争に至った場合の協力を取り付けようとしていたのである。

では、ビスマルクのもう一つの選択肢はそれほど意味がなく、戦争のタイミングを計るための時間稼ぎ程度でしかなかったのだろうか。確かにそのように主張する先行研究もないわけではない。だが、それではビスマルクが周到にオーストリアとの戦争を準備していたことになり、こうした一面的な見方は近年のビスマルク研究が固く戒めるところであるし、ここまでジグザグに事態が展開した説明がつかない。思うにこの問題は、ビスマルクがどちらの選択肢を真に望んでいたかということより、彼にその選択肢を選ばせた政治外交状況の方が決定的に重要なのではなかろうか。後述するように、こうしたジグザグ状態が解消し、普墺戦争へと至った直接的なきっかけは、彼自身が仕掛けたものではない。その意味では彼は受身の立場に立っていたわけであり、複数の選択肢を有していたというのは、どのような外的状況の変化にも即応できるようにするためのものであったと理解すべきであろう。

オーストリアとの戦争へ

ビスマルクが最終的にオーストリアとの対決路線を選択したきっかけは、一八六六年一月二三日にオーストリアが管理するホルシュタインのアルトナで行われた民衆集会であった。この集会はアウグステンブルクを支持するとともに、シュレースヴィヒ・ホルシュタイン議会の召集を求めるもので、おのずと反プロイセン的な色彩を帯びるものであったのだが、この集会の開催をオーストリア当局が許容していたことが、事態をさらに深刻化させた。これがビスマルクの猛抗議を招き、普墺間の衝突はもはや避けられないという風潮を双方に生み出すことになった。

二月二一日、オーストリアではプロイセンとの開戦に向けて動き出すことが閣議決定された。その七日後の二月二八日、プロイセンでも御前会議が開かれ、王太子を除く全員がオーストリアとの戦争は避けられないとの認識で一致した。

ところが、ここでビスマルクは、戦争目標として従来の「北ドイツでのプロイセンの覇権確立」ではなく、「小ドイツ主義に基づく国家統合」を提起したのである。ただでさえ、同胞オーストリアとの「兄弟戦争」は国内で著しく不人気であるなか、ここで従来の覇権主義的なプログラムを打ち出しては、ますます国内世論を敵に回してしまう。それを避けるために、あえて世論受けするドイツ・ナショナリズムの目標を掲げることで、事態をいくらかでも有利な方向に誘導しようとしたのである。だが、それも結局のところ奏功せず、ビスマルクは依然として国内では厳しい状況を克服できないまま、戦争に突入することになる（五月七日に彼は大学生フェルディナント・コーエン＝ブリントの襲撃を受けてしまう。このとき彼はかすり傷で済み、自ら狙撃《そげき》犯から銃を取り上げたというエピソードがある）。

この後、事態は一気に戦争に向かって加速していく。四月八日、彼はイタリアとの間に有効期間三ヵ月という極めて異例な秘密軍事同盟を締結した。これによれば、準備していたドイツ連邦改革案が拒絶された場合には、オーストリアとの戦争に突入することが記されていた。翌四月九日、彼はドイツ連邦に対して普通直接選挙に基づく全ドイツ議会を開設する旨の改革案を改めて提出した。ここでも彼は、プロイセンの戦争目標を小ドイツ主義に基づくナショナリズムの要望にあわせることで、世論の支持獲得をねらうとともに、他のドイツ諸邦に圧力をかけようとしたのである。だが、こうした試みはうまくいかず、改革案は否決され、主だったドイツ諸邦はプロイセン側につこうとしなかった。これと並行して彼は、中央ヨーロッパ情勢に強い関心を持つナポレオン三世に再度接近し、ライン地方を支援の見返りとして提供する素振りを見せながら、彼の支持を獲得しようと努め、さらにはハンガリーの革命勢力にも接近して、少しでも有利な状況を作り出そうとした。

六月一日、オーストリアがガスタイン協定を破棄して、シュレースヴィヒ・ホルシュタイン両公国の処遇をドイツ連邦に委ねることを正式に宣言すると、プロイセン軍は六月七日、ホルシュタインに侵攻して同地を占領した。六月一一日、オーストリアはプロイセンとの断交を宣言するとともに、プロイセンに対する連邦軍動員を可決した。翌一二日、オーストリアはナポレオン三世との間に秘密条約を結び、プロイセンを犠牲にしてナポレオン三世に代償（となる領土）を提供することで、フランスの中立を確保することに成功した。事ここに至ってプロイセンは六月一四日、ドイツ連邦盟約は「破壊」され「解消」したものと見なす旨宣言し、普墺間の全面戦争に突入することになったのである。

普墺戦争

こうして始まった普墺戦争では、プロイセン軍が当時の最先端技術を戦争に動員したことが特徴の一つとして挙げられよう。部隊の輸送に鉄道を用い、電信を活用し、さらには速射に優れた元込め式のドライゼ銃（針打式銃）を用いることで、オーストリア軍に対して優位に戦いを進めていく。

そしてこの戦争のもう一つの特徴が、「七週間戦争」という異名が示すように短期戦であったことである。全面戦争に突入すると、プロイセンは参謀総長モルトケの作戦計画に基づいて、オーストリア側についたハノーファー王国、ザクセン王国、ヘッセン・カッセル選帝侯国を六月中に撃破・占領し、七月半ばには自由都市フランクフルトを占領するに至った。他方、ベーメン方面に三方からウィーンを目指して侵攻を開始したプロイセン軍は七月三日、ケーニヒグレーツの戦い（サドヴァの戦い）でオーストリア・ザクセン連合軍を撃破し、ここに事実上この戦争の決着がついた。

七月二六日にはニコルスブルクで仮講和条約が、そしてその約一ヵ月後の八月二三日にはプラハ講和条約が結ばれた。この条約によってドイツ連邦は解体され、それに代わってプロイセンがマイン川以北の北ドイツに新たな連邦体（北ドイツ連邦）を創設し、オーストリアがそこから除外されることが決まった。シュレースヴィヒとホルシュタイン両公国の主権はプロイセンに移行するものの、オーストリアはヴェネツィア（イタリアに割譲）を除いて領土を喪失することはなく、賠償金は二〇〇〇万ターラーに落ち着くなど、全体としてオーストリアに対して寛大な内容となった。

この戦争が短期間で済んだ背景には、ケーニヒグレーツの戦いの後に講和を急いだビスマルクの並々ならぬ努力があった。彼が講和を急いだ理由はいくつか考えられる。例えば、コレラが部隊内で広がっていたこと、他方でオーストリア軍はイタリア戦線では勝利を収めており、部隊を合流させて態勢を立て直しつつあったことなどがある。だが、決定的な要因はやはりナポレオン三世の干渉であろう。七月九日の時点でビスマルクは妻に次のように漏らしている。

我々は順調だけれど、ナポレオンがいる。もしわが国が過剰な要求をせず、世界を征服したのだと思わなければ、努力に見合った講和を手にするだろう。だが、我々はすぐに弱気になるのと同様にすぐに調子に乗ってしまう。私は、泡立つワインに水を注いで、わが国は単独でヨーロッパにあるのではなく、わが国を憎み妬《ねた》んでいる他の三大国［英仏露のこと］と共にあるのだということを主張するという、何とも有難くない課題を課せられているのだ。（GW, XIV/2, 717）

ナポレオン三世の介入を前に、ビスマルクは（本人の言葉を借りれば）「発作的に激しく泣きじゃくる」ほど神経を衰弱させながら（回想録より、GW-NFA, IV, 243）、勝利の勢いに乗って戦争継続を主張するヴィルヘルム一世や軍部を押し切って、何とか講和に持ち込んだのである。

「上からの革命」

こうして短期間でオーストリアに勝利したプロイセンは、多くの戦果を手にすることができた。領土面でいえば、かねてから企図していたシュレースヴィヒとホルシュタイン両公国に加え、ハノーファー王国、ヘッセン・カッセル選帝侯国、ナッサウ公国、自由都市フランクフルトを併合し、ウィーン議定書によって東西に分断されていたプロイセン王国はここにようやく一続きの領土を形成することになった。とりわけフランクフルトは経済と金融の重要拠点でもあるだけに、ここを併合したことはプロイセンの経済力強化に直結するものであった。そして何よりも、ビスマルクの念願でもあった北ドイツにおけるプロイセンの覇権をオーストリアに認めさせたことが最大の戦果といえよう。

普墺戦争の勝利はプロイセンの国内情勢を一変させた。同時期に行われたプロイセン下院選挙の結果、自由主義派からなる進歩党が大きく後退し、政府寄りの保守派が躍進したのである。しかも、それまでビスマルクの手法に猛反発してきた自由主義派のなかに、彼への評価を改める動きが一気に高まった。この機に彼は、議会との和解案を提示し、今後は国家の財政運営を予算に基づいて行うことを約束する代わりに、これまでの予算なしの統治を議会が事後承諾する旨の「事後承諾法案」を議会に提出したのである。これをめぐって自由主義派は二つに分裂し、その一方が賛成票を投じたことで法案は九月三日に可決された。また、九月七日にはハノーファー、ヘッセン・カッセル、ナッサウ、フランクフルトをプロイセン

ヴァルツィーンにある現在の旧ビスマルク邸
（著者撮影）

領に組み込む「併合法」を下院が可決した。まさに、ドイツ統一に向けて議会がビスマルクを後押しする形になったのである。こうしてプロイセン憲法紛争はここに幕を下ろした。これまで激しく対立していた議会が（無条件ではないものの）ビスマルク支持に転じた瞬間であった。

ちなみに、このときのビスマルクの功労に対して、国王が彼に四〇万ターラーの恩賜金《おんしきん》を下賜することが議会で承認された。ビスマルクは翌年四月、この恩賜金を投入してポメルン地方にあるヴァルツィーン（現在のポーランドのヴァルツィノ）に土地を購入し、好んでここに住むことになる。

「事後承諾法」の成立は、この後のプロイセンの政界再編をもたらすきっかけとなった。賛成票を投じた自由主義勢力の一部は進歩党を抜け出し、プロイセンに併合された他の諸邦の自由主義勢力と合流して、国民自由党を結成した。さらに保守党も、正統主義を蔑《ないがし》ろにするビスマルクを嫌う勢力と彼を擁護する勢力とに分裂し、後者が自由保守党（ドイツ帝国成立以降の帝国議会では帝国党と称する）を結成した。こうしてビスマルクを（程度の差はあるものの）支持する二つの新党が議会で多数派を占めることになり、ビスマルクの政策を立法面で支えることになる。

このように、ドイツ問題は普墺戦争を機にプロイセンを中心とした小ドイツ主義的統一に向けて大きく動き出すことになる。君主主義を奉じる強硬保守派の立場をとるビスマルクがこうした動きを主導し、しかもハノーファー王やヘッセン選帝侯、さらにはナッサウ公を廃位したとあって、当時から彼の行動は「上からの革命」であると評されていた。これはビスマルク本人からすれば「そのような破局［ドイツにおける完全な革命的混乱］を防ぐ唯一の道は、しかるべき時期に上からの改革を図ることでしかない」（一八六六年五月二七日付回状、GW, V, 514）という認識であり、「革命が起こらねばならないのであれば、革命を起こされるよりは起こした方がましである」（一八六六年八月一一日付マントイフェル宛電報、GW, VI, 120）という考えを実践した形になろう。まさに彼は「白色革命家」という評価にふさわしく、「上から」すなわち君主制に立脚し、本来なら保守的で反革命の立場をとる政府の側から革命を起こすことによって、彼自身が受け継いできた伝統的な価値観とそこから派生する目標を具現化し、それを自身の理想にあわせる形で新たに作り出そうとしていたのである。

第Ⅴ章　北ドイツ連邦宰相として——「プロイセンの政治家」から「ドイツの政治家」へ

Als Bundeskanzler des Norddeutschen Bundes : Vom „preußischen" zum „deutschen" Staatsmann（1867–71）

北ドイツ連邦の創設に向けて

ビスマルクの真のねらいがドイツ統一ではなく、北ドイツにプロイセンの覇権を確立することにあったとはいえ、普墺戦争の目的として小ドイツ主義的プログラムを掲げてしまった以上、そしてプロイセン議会が自身の政策を含めてこうした動きを後押しする以上、彼としては北ドイツ連邦の成立とあわせて小ドイツ主義に基づくドイツ統一路線を推し進めていくしかなかった。

そうと決まれば、ビスマルクの動きは早い。オーストリアとのプラハ条約交渉と並行して、彼は南ドイツ四邦のうちヴュルテンベルク（八月一三日）、バーデン（八月一七日）、バイエルン（八月二二日）と秘密裏に攻守同盟を結び、来たるべきドイツ統一国家の布石を打った（残りのヘッセン大公国とは翌六七年四月に締結）。懸念されていたナポレオン三世の介入に対しては、八月初めからベルリン駐在仏大使ベネデッティと何度も交渉し、プロイセンの北ドイツにおける勢力拡大並びに小ドイツ主義に基づくドイツ国家建設をフランスが認める見返りに、オランダ王と同君連合の関係にあり、ドイツ連邦に加盟していたルクセンブルクを領土補償としてフランスに提供することで手を打とうとした。ルクセンブルクにはドイツ連邦要塞《ようさい》が築かれ、そこにプロイセン軍が駐留していたのだが、ドイツ連邦が解体された今となっては、プロイセン軍がそこに駐留し続けるわけにはいかなかった。そこでプロイセン軍撤退と連動する形でフランスに提供しようというのだ。そのために彼は、ドイツ連邦に代わって新たに創設される北ドイツ連邦へのルクセンブルク加入を認めなかったのである。こうしたビスマルクの構想にナポレオン三世は合意し、八月下旬にはこれらの点を明記した普仏条約案が用意された（この条約案によればベルギーも領土補償の対象に含まれていたのだが、後述する理由でこの条約は締結されていない）。

多方面にわたって神経を使う激務が重なったせいか、ここへきてビスマルクの体調は限界に達していた。九月半ばに激しい神経痛が彼を襲い、そのために彼は三ヵ月ほど公務を離れてバルト海にあるリューゲン島のプトブスにて療養することになった。このプトブスでの療養は、様々な意味でこの後の歴史の展開に大きな影響を与えることになる。

プトブスでの療養は、ビスマルクに落ち着いた環境のなかで北ドイツ連邦憲法草案の骨子をまとめる時間を与えるものとなった。後のドイツ帝国憲法の前身となるこの憲法の特徴は、南ドイツ諸邦に配慮して「形の上では国家連合の形をとらなければならないが、実際には柔軟性があって、目立たないながらも包括的な表現とともに、連邦国家の性質を付与することになろう。それゆえに中央機関としては内閣ではなく、連邦議会がその機能を担うものとなろう。その際、かつての連邦のクーリエ制［ドイツ連邦議会で邦の規模に応じて票数に差がつけられていたことを指す」を拠り所にすればうまくいくと思われる」(一八六六年一〇月三〇日付プトブスロ述書、GW, VI, 167)というものであり、普通・直接・平等選挙による北ドイツ連邦議会を設けるものの、当初の案では議会主義への反感からそれに大きな権限を与えようとはしなかった(詳しくは第VI章を参照)。

この構想に基づいて、一八六七年二月一二日にプロイセン勢力下の北ドイツで選挙が行われ、二月二四日に北ドイツ連邦憲法審議議会が開かれた。ここに北ドイツ連邦、さらにはドイツ統一国家の建設に向けて、ついに具体的にプログラムが始動することになったのである。三月一一日、彼は議会演説で次のように象徴的に述べている。

> 議員諸君、急いで仕事をしよう! いうならば、ドイツを鞍《くら》に乗せよう! もはやドイツは馬に乗れるのだから。(GW, X, 329)

だが、憲法審議議会ではビスマルクの作成した憲法草案をめぐって、政府側と議会側(とりわけ国民自由党をはじめとする自由主義勢力)との間で激しい攻防が繰り広げられた。特に大きな争点となったのは、責任内閣制の導入と軍事予算に対する議会権限であった。先述したように、議会主義そのものに反発するビスマルクからすれば、軍事予算を議会の制約下に置きたくはないし、さらに今後加盟が見込まれるプライドの高い南ドイツ諸邦に配慮して、連邦国家体制をなるべく緩いものにし、中央機関は設けたくなかったのである。だが、これでは政府の責任の所在が曖昧《あいまい》となり、議会の権限そのものが大きく損なわれてしまうため、議会側は激しく反発したのである。

ビスマルクとしてはこれ以上譲歩したくないものの、かといって審議が長引けばせっかく高まったドイツ建国の気運が弱まるばかりか、ナポレオン三世が介入してくる恐れもあったため、ここでぐずぐずしてはいられなかった。彼は状況を打開すべく、三月一九日と二三日の二日にわたって、六六年夏に南ドイツ三邦と秘密裏に結んだ攻守同盟を公開し、それによって自身に有利な世論を形成することで審議を前進させ、南ドイツ諸邦を北ドイツ連邦に一気に編入しようと試みたのである。

ルクセンブルク危機と北ドイツ連邦の成立

この措置が思わぬ事態を招いてしまった。プロイセンの合意の下、仏蘭両国によって水面下で進められ、この時期にまとまりかけたルクセンブルク譲渡交渉が頓挫したのである。

六六年九月にビスマルクが療養でプトブスに引き籠ってしまったため、普仏間のルクセンブルクをめぐる秘密交渉はストップし、用意していた普仏条約も締結されずにいた。しかも政務に復帰したビスマルクが北ドイツ連邦憲法の成立に専念していたこともあって、ルクセンブルク譲渡をめぐって普仏間で擦れ違いが見られるようになっていたのである。プロイセンとの交渉が進展しないことに業を煮やしたナポレオン三世は、オランダ側との直接交渉に踏み切り、六七年三月下旬にはフランスがルクセンブルクを購入することで交渉はまとまりかけていた。

ところが、このタイミングでビスマルクが南ドイツ三邦との攻守同盟を公開して、ドイツ・ナショナリズムを煽ったのである。近隣国に衝撃が走った。とりわけルクセンブルク交渉の当事者たちは、ドイツ世論がルクセンブルクをドイツ固有の領土と見なしていたために、その矛先が自分たちに向けられているのではないかと大きく動揺してしまう。その一人がオランダ王ウィレム三世であった。彼は、三月二六日に交渉を一時中断し、フランスへのルクセンブルク売却の承諾をプロイセンに正式に求め、プロイセン王の同意なしにルクセンブルクを売却することはないと表明したのである。しかも時を同じくして、フランスがルクセンブルクを併合する旨の報道がルクセンブルクでなされた。

こうして思わぬ形で、ルクセンブルクのフランスへの売却話が完全に露見してしまった。北ドイツ連邦が成立していない時点で、ドイツ世論を敵に回すわけにはいかなかったビスマルクは、フランスとの友好関係よりもドイツ世論との協調を優先し、ここに至ってルクセンブルク譲渡不可の姿勢を表明したのである。これにフランスが激昂《げっこう》し、六七年三月末から四月にかけて、ルクセンブルクをめぐる事態は普仏戦争の危機へと一気にエスカレートした（ルクセンブルク危機）。この事態に英露両国が介入し、最終的には五月七日にこの問題をめぐってロンドン会議が開かれ、そこで列強の保障下でルクセンブルクの非武装・永世中立化が定まったことで、ようやく危機は終息する。

このルクセンブルク危機は、北ドイツ連邦成立にとって「追い風」となった。フランスとの戦争危機に際して、北ドイツ連邦憲法審議議会は国内の一致団結を優先したのである。議会側は責任内閣制導入を断念（その代わり、責任の所在を明確化するために新設される連邦宰相が連邦主席の布告に副署をする制度を導入）、さらには軍事予算に関して毎年議会で審議する要求もいったん断念するなど（ドイツ帝国成立後に両者間で妥協が成立し、軍事予算の大枠は毎年ではなく七年ごとに審議することとなる）、議会主義の要素が制限されるような大幅な譲歩をした結果、四月一六日に北ドイツ連邦憲法が成立したのである。戦争危機が勃発して、わずか半月後のことであった。

ドイツ統一ならず――ビスマルクのドイツ政策の限界

だが、ビスマルクはフランスとの戦争危機をもってしても、一八六七年の時点でドイツを統一に導くことはできなかった。攻守同盟を公表し、さらには北ドイツ連邦憲法を一気に成立させてドイツ・ナショナリズムを煽ることで、南ドイツ諸邦が北ドイツ連邦に自発的に参加しやすい環境を整備したにもかかわらず、南ドイツ諸邦はルクセンブルク危機に際して、(この後に生じる独仏戦争とは異なり)ビスマルクと積極的に行動を共にしようとはしなかったのである。

こうした風潮は、一八六八年二月に行われた関税議会の選挙結果にも反映された。この関税議会は、六七年夏にドイツ関税同盟に新たに設けられたもので、権限こそ関税同盟に関する問題に制限されていたものの、関税同盟に加盟する南北ドイツ諸邦において普通・平等・秘密選挙によって選出された議員から成る、文字通りの全ドイツ議会に等しいものであった。この二月の選挙の結果、南ドイツ諸邦ではカトリック勢力を中心に、反プロイセン派の議員が大量に当選したのである。北ドイツ連邦成立まではよかったものの、南ドイツ諸邦を加えてのドイツ統一事業の困難さが改めて浮き彫りになった瞬間であった。

ビスマルクの当初のねらいは北ドイツにプロイセンの覇権を確立することにあり、ドイツ統一事業には向けられていなかった。ドイツ・ナショナリズムを味方にしようとして、小ドイツ主義に基づくドイツ統一事業を口にしたこともあったが、それは普墺戦争を有利に進めるための手段でしかなかった。そして、彼は普墺戦争の最中の一八六六年七月の時点でも、南ドイツ諸邦を北ドイツ連邦に併合することは困難であるとの見通しを示していた。ところが、普墺戦争の勝利を機にナショナリズムに沸くドイツ世論の後押しを受けて、ビスマルクは北ドイツ連邦憲法審議議会が開かれると、当初の方針に加え、南ドイツ諸邦も編入して一気にドイツ統一を目指すような発言をするようになったのである。E・アイクの言葉を借りれば、ルクセンブルク危機を経てビスマルクは「プロイセンの政治家」から「ドイツの政治家」へと転身したのである。

確かに彼は、一九世紀の時代潮流であるナショナリズムを巧みに利用して、北ドイツにおけるプロイセンの覇権を確立させることに成功した。だが、それは同時に元来意中になかったドイツ統一事業に手を染めることになり、ドイツ統一が実現できていない段階でフランスを完全に敵に回すという外交状況を作り出してしまった。ドイツの歴史家W・モムゼンが指摘するように、このときのビスマルクはナショナリズムを御しきれず、自身の政策や行動がそれに規定されてしまっていたのである。この点に政治家ビスマルクの限界があったのかもしれない。

だからであろうか、ルクセンブルク危機後のビスマルクの発言は、北ドイツ連邦憲法審議議会時のものとは一転して、南ドイツ諸邦への配慮もあってか、次に見るように急にしおらしくなってしまう。

もしドイツが一九世紀のうちにその国民的な目標を達成できるとすれば、それだけで偉大なことだと思うし、もしも五年、いや一〇年のうちにそれが達成できたとしたら、途方もないこと、思わざる神の恵みというしかありません。（一八六八年五月一一日ヴュルテンベルク軍参謀長ズコウとの対談にて、GW, VII, 259）

私が思うに、ドイツ統一が現時点でまだ熟した果実になっていないということは明らかなことです。〔……〕我々は時計の針を進めることはできますが、だからといって時間が早く進むわけではないので、事態が進展する間、待つという能力こそが実際の政治の一つの前提条件となってきます。（一八六九年二月二六日付ミュンヘン駐在公使ヴェルテルン宛、GW, VI/b, 2）

少なくとも私は、我々が歴史を作ることができると信じるほど思い上がってはおりません。私の使命は、歴史の潮流を観察し、その潮流のなかで、可能な限り私の船を操ることです。潮流そのものを導くことはできませんし、ましてやそれを呼び起こすことなど、できるはずがありません。（一八六九年七月二一日付キンケル宛、GW, XIV/2, 752）

ドイツ統一事業はここに至って、長期にわたって停滞を余儀なくされるかに思われた。この袋小路の状態を脱するきっかけは、またしても「外から」もたらされた。スペイン王位継承問題である。

スペイン王位継承問題

事のきっかけは、一八六八年九月に勃発したスペイン革命であった。女王イサベル二世がこの革命で追放されると、新政権は新たな国王の候補者探しを行うことになった。何人かの候補者名がリストに載せられたが、最終的に新政権が白羽の矢を立てたのは、プロイセン王室の分家筋にあたるホーエンツォレルン＝ジークマリンゲン家の世子レオポルトであった。この家からは以前ルーマニアの君主が選出された前例があり（即位したカロル一世はレオポルトの弟）、しかも彼はプロテスタントであるプロイセン王室の一員でありながらカトリック教徒であり、妃はスペイン王室とも姻戚《いんせき》関係のあるポルトガル王室の出身であった。従ってスペイン側にとって、彼は候補者としては申し分のない人物であった。そこで内々にレオポルトとその父親であるカール・アントンに打診した。だが、両者共に乗り気ではなく、この話は立ち消えになるかに思われた。

ところが、ここでビスマルクが話に強引に割って入ってきた。彼はカール・アントン親子を猛説得し、レオポルトにスペイン王位を受け入れるよう勧めたのである。その結果、七〇年六月になるとカール・アントン親子はビスマルクの意を受けて、スペイン側の要請を受ける気になった。

もしこれが実現すれば、カール五世(神聖ローマ皇帝)のときのハプスブルク家のようにホーエンツォレルン家がフランスを地政学的に挟撃する格好となるため、フランスが黙っているはずがなかった。しかも当時ナポレオン三世は六〇年代に入ってからメキシコ遠征の失敗やルクセンブルク危機での敗北など、外交面での失点が続いていた。健康面でも問題があったため、国民の支持を獲得して自身の王朝を維持するためには、これ以上外交面での失敗は許されず、今回の件ではプロイセンに対して戦争も辞さない態度で臨んでくる可能性は極めて高かった。

こうしたリスクがあるにもかかわらず、なぜビスマルクはこのスペイン王位継承問題に積極的に関与したのであろうか。ドイツ統一事業を進めるために、フランスとの戦争を目論んでいたのか。それとも、当時進行していたとされる仏墺伊三国同盟を阻止するための牽制《けんせい》であったのか。この点をめぐっては明確な根拠が見当たらない事情も手伝って、これまでのビスマルク研究において(恐らくは最も)盛んに議論されており、いずれの説も今一つ決め手を欠く有様である。

一ついえることは、これは先に見てきたオーストリアに対する姿勢にも当てはまるのだが、フランスとの戦争は恐らく彼の選択肢の一つでしかなく、スペイン王位継承問題に関与した時点では決定的ではなかったということである。当時、ビスマルクが戦争という選択肢をとらざるを得ないほど追い込まれていたわけではないことは一部の先行研究が示すとおりである。スペイン王位継承問題という「外からの刺激」を巧みに利用して、フランスへの揺さぶりであれ、反プロイセン的な動きへの牽制であれ、プロイセンの置かれている状況を少しでも改善しようとしていたという程度ではなかろうか。

ところが、七月になると話は思わぬ形で急転する。本来であればレオポルトの立候補に応じてすぐにスペイン議会が承認手続きをとるはずだったのだが、議会がすでに夏季休暇に入ってしまっていて、レオポルトの立候補承認手続きが秋までずれ込むことになったのである。レオポルト立候補の話はたちまち巷《ちまた》に広まり、七月三日には早くもフランス側がこの話を本国に報告している。スペイン側の手違いで、秘密裏に進めていたレオポルト擁立の話が露見してしまったのである。

フランスは猛反発した。七月六日、外相グラモンが非難声明を発表して戦争も辞さない姿勢を内外に強烈に示した。そして直ちにベルリン駐在仏大使ベネデッティを、ヴィルヘルム一世が滞在するエムスに派遣して、猛抗議させた。その結果、七月一二日にはレオポルトの立候補辞退を勝ち取ることに成功したのである。ビスマルクは表向きにはホーエンツォレルン王室の問題であって臣下が口を挟むべきではないという立場を示していたために、このような状況下では自身の手足を縛る形となり、有効な対応策を持ち合わせていなかった。まさにフランス外交の勝利といっても過言ではなかった。

ところがフランス政府は、反プロイセン感情に沸き立つ世論を前にこの成果に満足せず、さらなる要求をプロイセン王室に要求したのである。二度とレオポルトを含め、ホーエンツォレルン家に連なる者がスペイン王位候補者となることに国王が同意を与えないよう、その確約が欲しい。早速その旨、エムスにいるベネデッティに伝えられたのであった。

起死回生の「エムス電報」

一八七〇年七月一三日は、独仏関係史において大きな意味を持つ日となった。この日、ベネデッティはフランス側が求める確約を得るべく、ヴィルヘルム一世と会談した。その様子は国王に同行してエムスに赴いていたアーベケンを通じて、直ちにベルリンに打電された。以下、少し長くなるが全文をここに紹介したい。

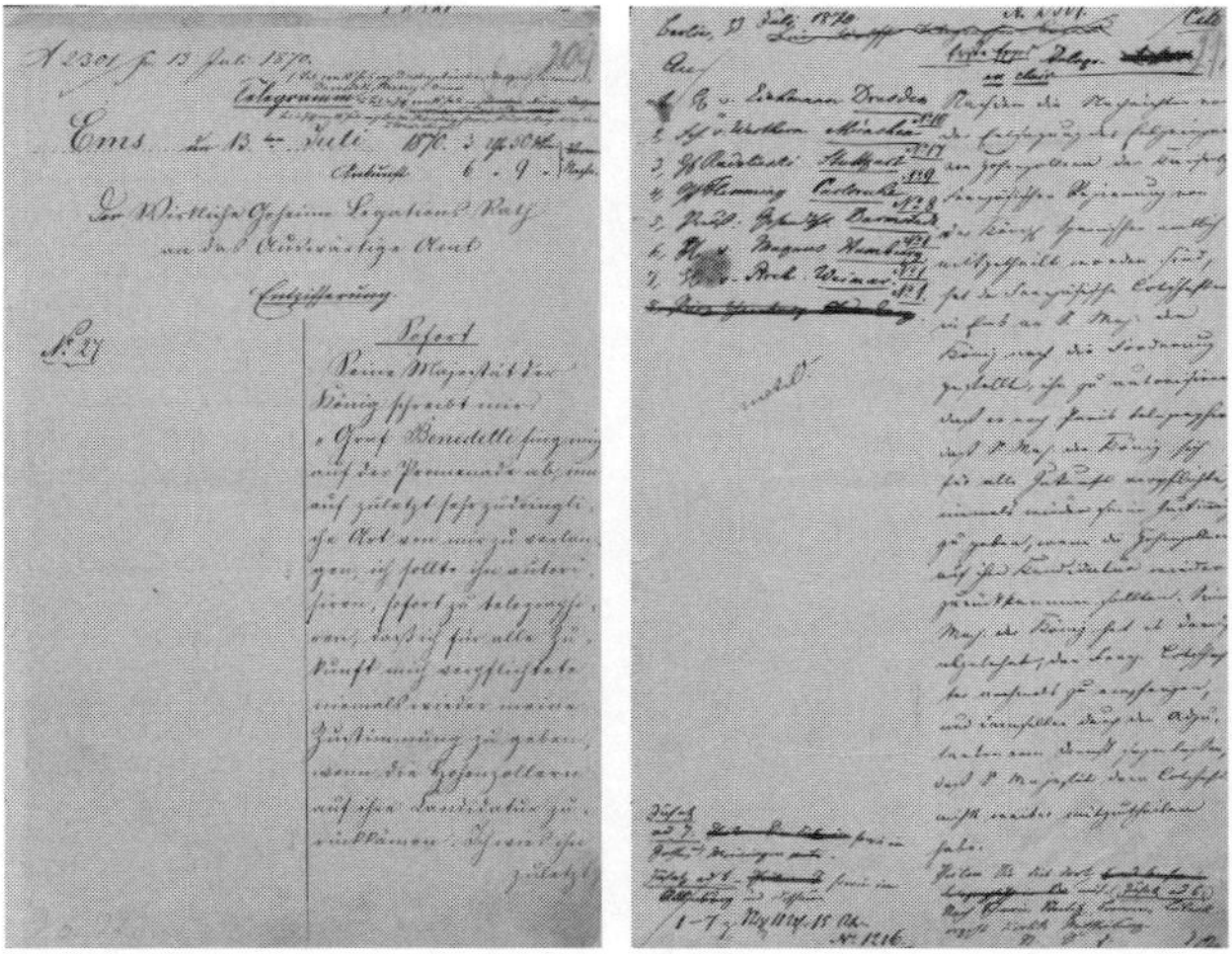

エムス電報（左がオリジナルのもの、右がビスマルクによるもの）

国王陛下は私に次のようにお伝えになりました。「ベネデッティ伯が散歩道で余を待ち構え、ホーエンツォレルン家の人間が再び〔スペイン〕国王候補となるようなことがあっても、今後絶対に同意を与えないと余が誓う旨、〔パリに〕打電する権限を与えてほしいと、最後にはかなり押し付けがましい態度で要求した。余は未来永劫《えいごう》にわたってそのような約束をすることは許されるものではないし、できるものでもないといって、最後には幾分厳しい口調で彼の要求を退けた。むろん、余は彼にこうも伝えた。余は〔レオポルトの辞退に関して〕まだ何も聞いてはいないし、貴君は余よりも早くパリ並びにマドリード経由で情報を得ているのだから、余の政府は〔継承問題に〕何も関与していないということがわかったであろう」と。陛下はその後〔カール・アントン〕侯の書簡を受け取られました。陛下はベネデッティ伯に〔カール・アントン〕侯からの知らせを待っているところだとおっしゃっていたので、右記のごとき不当な要求に鑑《かんが》み、〔内相〕オイレンブルク伯と小生の意見を踏まえ、もはやベネデッティ伯爵とはお会いにならず、ベネデッティがパリから入手した情報を裏付ける知らせを〔カール・アントン〕侯から受け取ったし、〔フランス〕大使にこれ以上言うことは何もないと、副官を通じて伝えることにお決めになられました。

陛下は、ベネデッティが新たな要求を持ち出し、陛下がこれを退けられたことを、直ちにわが国の公使及びプレスに伝えるべきか否か、その判断を閣下に委ねておられます。

（一八七〇年七月一三日付アーベケン発外務省宛第二七号電報、PA-AA, R. 11674）

これを見るとわかるように、この電報はあくまでもベネデッティとのやり取りの仔細《しさい》をビスマルクに伝えただけのものでしかなかった。ところが、この電報を見たビスマルクは、次に見るようにその内容を二つの文に要約し、余計な説明を一切省略した上で、直ちにドイツ各邦駐在公使宛に電報で伝達し、新聞を通じて公表したのである。

ホーエンツォレルン家の世子〔レオポルト〕が〔スペイン王位を〕辞退される旨、スペイン政府がフランス政府に対して公式に通告した後、フランス大使はエムスにおいてさらに国王陛下に対し、ホーエンツォレルン家の人間が再び〔スペイン〕国王候補となるようなことがあっても、今後絶対に同意を与えることはないと国王陛下が誓われる旨、パリに打電する権限を与えるようにと要求してきた。これに対して国王陛下は、フランス大使とさらに会うことを拒まれ、副官を通じて、大使にこれ以上何も伝えることはないとお伝えになった。（一八七〇年七月一三日付ドイツ各邦駐在公使宛電報、GW, VI/b, 371）

これが世に名高い「エムス電報」であり、ビスマルクにとってまさに起死回生の電報となった。本来の電報は単なる状況報告でしかなかったのだが、彼は「エムス電報」によって、スペイン王位継承問題でフランスがプロイセン王に不当な要求を突き付けてきたという印象を際立たせることに成功したのである。それどころか、こうしたフランス側の要求をプロイセン王はきっぱりと断り、「フランス大使とさらに会うことを拒」み、「何も伝えることはない」という箇所を強調したことで、独仏双方の世論を強く刺激したのである。この「エムス電報」が公表された瞬間、本来この問題で勝者であったはずのナポレオン三世が一転して窮地に追い込まれてしまった。このプロイセンの非礼を甘受すればフランスの敗北を意味するため、世論の支持を確保して自らの王朝を維持していくには、もはやプロイセンに対して強硬に打って出る以外に選択肢はなかったのである。七月一九日、フランスは宣戦布告でこれに応じ、ここに戦端が開かれることになった。

独仏戦争

こうして独仏戦争（普仏戦争）が始まった。ビスマルクはこの戦争において、英露両国の介入を（前者に対してはベルギーを戦渦に巻き込まないことを条件に、後者に対しては一八五六年のパリ条約にある黒海条項の廃止を支持することを条件に）防ぐことで戦争の局地化に成功した。さらに彼は、北ドイツ連邦諸邦のみならず、ルクセンブルク危機のときとは異なり、今度は攻守同盟に基づいて南ドイツ諸邦をもフランスとの戦争に参加させることに成功したのである（この点を踏まえると、わが国で一般的な「普仏戦争」というよりも「独仏戦争」と呼ぶ方がより適切であろう）。その結果、戦況はプロイセン軍に有利な形で進み、そして九月一日から二日にかけてのセダン（スダン）の戦いでは、包囲攻撃されているメッツ（メス）要塞の救援に駆け付けたナポレオン三世を捕虜にしたのである。

これで戦争が終わるかに見えた。だが実際にはそうならなかった。パリでは九月四日に国防政府が成立したのだが、ドイツに領土を割譲するのを嫌って戦争継続の方針がとられた。

その結果、プロイセン軍の進撃は続き、九月一九日にはパリを包囲するに至った。パリへの砲撃も行われ、フランス軍の抵抗も空しく、翌一八七一年一月二八日にパリが陥落し、独仏間に停戦が実現した。その後、選挙に基づく国民議会がフランスで成立し、新たに発足した新政府との間で二月二六日にヴェルサイユ仮講和条約、そして五月一〇日にフランクフルト講和条約が締結され、ここに戦争は終わった。

フランスには賠償金五〇億フランが課され、支払いが完済するまで東部地域が占領下に置かれた。さらに、ベルフォールを除くアルザスとロレーヌの一部がドイツに割譲されることになった。アルザスとロレーヌ（ドイツ語ではエルザスとロートリンゲン）は現在のフランス北東部にあってドイツに接する地域で、一七／一八世紀に共にフランス領となっていたが、以前は神聖ローマ帝国領であったこともあり、とりわけアルザスは言語的にもドイツに近い存在であった。そのため、ドイツ世論の間ではこの地を求める声が強かったのである。賠償金に加えこれらの地を失うことは、フランスにとってかなり厳しい内容であった。なかでもアルザス・ロレーヌの割譲は、激しい対独復讐心をフランスに植え付けることになり、その後のビスマルク外交の足枷《あしかせ》（さらには第一次世界大戦に至るまでの独仏不和の原因）となってしまったことは、よく知られていることである。

なぜビスマルクは、自身の外交政策を制約しかねないアルザス・ロレーヌの割譲を講和の代償として強く求めたのか。この点をめぐっても、先行研究において激しい論争が行われた。とりわけ争点となったのは、アルザス・ロレーヌを要求するドイツの世論とその圧力の存在であり（それらの存在はかなり以前から指摘されてきたのだが）、こうした世論をビスマルクが煽動《せんどう》して意図的に形成したのか否か、という点をめぐってであった。今日では、こうした世論がすでに自発的に形成されていたことが明らかにされている。軍事的理由（特に南ドイツの防衛）もなかったわけではないが、ビスマルクは次に見るような独自の観点から領土割譲を要求したことがL・ガルやE・コルプによって指摘されている。

すでにサドヴァでのわが軍の勝利ですらフランス人に苦々しい思いを抱かせているのです。ましてや彼ら自身に対するわが軍の勝利がどれほどの思いを抱かせることになるでしょうか！　メスやヴルトの復讐は、領土割譲がなかったとしてもサドヴァやワーテルローの復讐以上に長く鬨《とき》の声を〔フランス側に〕響かせ続けることになるでしょう。かかる状況の下で唯一正しい政策は、誠実な友人として勝ち得ることができない敵を、少なくとも多少は害の少ない存在に換えて、我々の安全を高めることであり、そしてそのためには、我々を脅かしているいくつかの要塞を取り壊すというのではなく、その幾分かを我々に譲渡させるのでなければ、十分とはいえないのです。（一八七〇年八月二一日付ロンドン駐在

大使ベルンシュトルフ宛、GW, VI/b, 455）

皇帝万歳！――ドイツ帝国成立

それまで停滞状態にあったドイツ統一に向けた気運は、独仏戦争を機に一気に盛り上がった。ビスマルクはこの機を逃さず、パリ包囲戦の最中にプロイセン軍の大本営が置かれていたヴェルサイユ宮殿から、南ドイツ諸邦との統一に向けた交渉の指示を出し続けた。一八七〇年一〇月から一一月にかけて、力ずくではなく自発的に北ドイツ連邦に加入できるよう各個に粘り強い交渉を続けた結果、北ドイツ連邦憲法が来たるべきドイツ帝国憲法に引き継がれるものの、各邦に応じて軍事・税制・郵便・鉄道・電信に関して一定の留保権を認めるという条件つきで、南ドイツ諸邦との間に合意が成立した。

その際、ビスマルクがこだわったのが、プロイセン王が一方的にドイツ皇帝を名乗るのではなく、南ドイツ諸邦の要請を受ける形でプロイセン王がドイツ皇帝を引き受けるという形式であった。彼は、南ドイツの最有力邦であるバイエルン王ルートヴィヒ二世に対して、ヴィルヘルム一世に神聖ローマ帝国を継承するドイツ皇帝を名乗るよう依頼してもらうことに心血を注いだ。だが、バイエルン王は南ドイツ諸邦のなかで最も親墺反普的なスタンスをとっていただけに、交渉は一筋縄ではいかなかった。そこで、ビスマルクはルートヴィヒ二世の「足元」を見て、多額の資金援助を約束することによってようやく同意を取り付けることに成功した。ちなみに、このときルートヴィヒ二世が獲得した資金は、南ドイツを彩るノイシュヴァンシュタイン城をはじめ、彼の理想を具現化するために費やされたことは有名な話である。

ドイツ統一が目前に迫るなか、ビスマルクとヴィルヘルム一世の間で「皇帝」の称号をめぐって深刻な対立が生じた。ヴィルヘルム一世は一連の戦争の勝者を意識し、名乗るのであればドイツ全土に君臨する皇帝を意味する「ドイツ〔国の〕皇帝」(Kaiser von Deutschland)を希望した。だが、ビスマルクは粘り強い交渉の末にようやく南ドイツ諸邦の同意を取り付けたばかりであり、ここで彼らを刺激するのは得策でないとして、前者の称号よりはニュアンスが曖昧な「ドイツ皇帝」(Deutscher Kaiser)を求めたのである。両者の意見の衝突は何もこのときが最初ではなく、大体はヴィルヘルム一世がビスマルクに譲歩する(あるいは根負けする)形で収まるのだが、このときばかりはヴィルヘルムも譲らなかった。こうして両者の対立が克服されないまま、ドイツ皇帝即位宣言式を迎えることになる(ドイツ帝国憲法にはビスマルクの主張が反映されたが、ヴィルヘルムはこの称号を用いようとはしなかった)。

ドイツ皇帝即位宣言式は一八七一年一月一八日、未だパリ包囲戦が続くなか、ヴェルサイユ宮殿「鏡の間」にて執り行われた。ヴェルサイユ宮殿は大国フランスの象徴的な存在であ

ドイツ皇帝即位宣言式（中央に描かれた白い軍服がビスマルク。A. v. ヴェルナー画）

るため、そこでのドイツ皇帝即位宣言式はおのずと独仏世論を必要以上に刺激することにつながるものであった。だが、ビスマルクはそこまで計算して「鏡の間」で宣言式を行ったわけではない。ここ数ヵ月の間彼は、粘り強い忍耐力で南ドイツ諸邦の同意をようやく獲得したものの、称号問題ではヴィルヘルム一世と衝突し、パリ包囲戦をめぐってはモルトケをはじめ軍部と衝突するなど、様々な抵抗に遭遇していた。ここでぐずぐずしていては、さらに厄介な抵抗が生じる可能性も考えられるだけに、ビスマルクとしては何としても可及的速やかに皇帝即位宣言式を済ませたかっただけなのである。

こうして大本営が置かれているヴェルサイユ宮殿「鏡の間」で行われた宣言式は一時間ほどの間、ヴィルヘルム一世もビスマルクも著しく不機嫌ななか、執り行われた。バーデン大公フリードリヒが機転を利かし、「皇帝ヴィルヘルム万歳！」の掛け声とともに、ここにドイツ帝国が誕生したのであった。このときの心境をビスマルクはこう漏らしている。

この皇帝出産は難産だった。国王たちというものは、保持しきれなくなったものを世に送り出す前のご婦人方のように、この期に及んでも気まぐれな欲望を抱くものだ。産婆たる私は、爆弾になって建物全体を爆破して粉々にしてやろうかと、何度無性に思ったことか。（一八七一年一月二一日付ヨハナ宛、GW, XIV/2, 810）

ここにドイツ・ナショナリズムの悲願が達成された。それは、プロイセンの軍事力による「上からの」統一であった。ビスマルクからすれば、プロイセンの大国としての利益を追求するという自らが受け継いできた伝統的な目的を達成したことになる。だが、その際にナショナリズムを利用したがために、その成果は「大プロイセン」ではなく「小ドイツ」という当初は予想しなかった新たな形となって現れたのである。

第Ⅵ章 ドイツ帝国宰相として——ビスマルク体制下のドイツ帝国

Als Reichskanzler : Deutsches Reich unter Bismarck-System（1871–90）

ビスマルク時代の幕開け

一八七一年一月一八日、ヴェルサイユ宮殿「鏡の間」にて、プロイセン王ヴィルヘルム一世が皇帝に即位し、ここにドイツ帝国が誕生した。ウィーン体制下にあって抑圧され続けてきたドイツ・ナショナリズムの悲願が、オーストリアを排除しプロイセン王国を中心とする「小ドイツ」という形でようやく実現した瞬間であった。ビスマルクがその最大の功労者になるのだが、すでに見てきたように、これは彼が当初から目指していたものではなかった。

彼はナショナリズムの時代にあってもなお、プロイセン君主主義を奉じ、自らの権益を守るためにも、伝統的なスタイルにこだわるユンカー政治家であった。そんな彼が目指していたのは、中央ヨーロッパにおいてオーストリアに匹敵する形でプロイセンを大国化することであり、具体的には「大プロイセン」として北ドイツにプロイセンの覇権を確立することであった。その際、彼はオーストリアに対抗するにあたって、ドイツ・ナショナリズムを味方につけ、利用しようとした。その効果は、普墺戦争後に如実に現れた。戦争に勝利したことでナショナリズムを刺激されたプロイセンをはじめドイツ各地の世論の後押しを受ける形で、彼は北ドイツにおけるプロイセンの領土と勢力を大きく拡大させ、北ドイツ連邦としてプロイセンの覇権確立に成功したのである。だが、たとえ彼が手段としてしか見なしていなかったとしても、そのナショナリズムの支援を受けてしまったがために、彼は必然的にドイツ統一事業をその後の政策目標に掲げざるを得ない状況に追い込まれてしまった。その結果、独仏戦争の勝利によってプロイセン主導のドイツ帝国が実現したのである。

このように見ると、ドイツ史における画期的な転換点である一八七一年のドイツ帝国創建は、ビスマルク自身の根幹ともいえる伝統的なプロイセン主義という、これまで受け継がれ培ってきた要素と、それとは相反するドイツ・ナショナリズムという全く新しい要素が奇妙な形で融合した産物であったといえよう。ビスマルクからすれば後者によって前者を擁護・発展させたことになるのかもしれないが、恐らくは後者によって前者が（彼自身も含め）変質を余儀なくされたというのがより実態に近いのかもしれない。

いずれにせよ、ドイツ帝国の創建にあたって、ビスマルクがその最大の功労者であったことに変わりはない。ヴィルヘルム一世は彼の功績に対して、世襲の侯爵に叙するとともに、ハンブルク郊外の地フリードリヒスルーを彼に与えた。この地はヴァルツィーンと並んでビスマルクが愛した土地であり、後述するようにここで彼は最期を迎えることになる（現在もビスマルクの子孫はこの地に居を構えている）。ドイツ帝国の建国者としての栄誉が彼に与えられ、後に各地で建立されていく自身の（大小様々な）立像を通じてそれが語り継がれていくことになる。まさにこの瞬間が、彼の政治人生のクライマックスであったといっても過言ではなかろう。

だが、彼の政治人生はこれで終わったわけではない。彼はプロイセン首相と外相を兼任しながら新設された帝国宰相に就任し、彼が退陣する一八九〇年まで新生ドイツ帝国の舵取りを一身に担うことになる。「ビスマルク時代」と称されるこの時期に、彼は誕生したばかりのドイツ帝国にあってどのような政治システムを構築し、どのようなヴィジョンを持って内政を行っていったのか、本章ではその点に注目して論を進めていくことにしたい。

ドイツ帝国の政治システム

ドイツ帝国成立後のビスマルクの内政上の課題は、どのように帝国の中身を整えていくかということにあった。そこで、まずはドイツ帝国の政治システムについて確認していきたい。

ドイツ帝国の基本的な枠組みは、ドイツ帝国憲法によって規定されている。この憲法は、彼が以前その骨格を定めた北ドイツ連邦憲法を引き継いだもので、南ドイツ四邦（バイエルン、ヴュルテンベルク、バーデン、ヘッセン）が加わったことにあわせて多少変更が施されている。従って、ドイツ帝国の政治システムは、ビスマルクによって定められたといって過言ではない。以下詳述していくが、これを見るといかに彼が神聖ローマ帝国の時代から根強く続く邦分立主義や、とりわけ反プロイセン感情の強い南ドイツ四邦に配慮していたかが見て取れる。

彼は帝国を強引に中央集権的な枠組みにしようとはしなかった。彼は、ドイツをかつてのドイツ連邦時代に見られた「国家連合」から、二二の君主国と三つの都市国家から成る「連邦国家」に「衣替え」したのである。各邦はそれまでどおり自前の政府・議会・行政を維持することができ、経済・交通・軍事・外交といった問題に関しては帝国レベルで対応することになるものの、それ以外は各邦に任せられた。なかでも南ドイツ四邦に対しては、帝国レベルの案件となる経済・交通・軍事・外交の分野において、いくつかの例外的な対応が認められることになった。

このような彼の配慮は、他にも見て取れる。例えば、国家元首は、プロイセン王が世襲するドイツ皇帝になるのだが、帝国の主権者はドイツ皇帝ではなく、ドイツ帝国を構成する二二の君主国の君主と三つの都市国家の参事会が全体として保持する形をとっている。

立法機関としては、連邦参議院と帝国議会の二院制をとっている。連邦参議院は帝国を構成する二五の諸邦政府の代表によって構成されており、帝国の主権を代表する機関となる。各邦政府の代表機関ということもあって行政面での役割も担うのだが、帝国の立法にあたっては連邦参議院の同意が不可欠であり、むしろそちらの方で存在感を発揮することが多かった。議席配分を見ると、各邦の国力に応じて票数が分配されているのだが、ここにもビスマ

表2　連邦参議院における各邦の投票権数

プロイセン	17票
バイエルン	6票
ザクセン	4票
ヴュルテンベルク	4票
バーデン	3票
ヘッセン	3票
メクレンブルク＝シュヴェリーン	2票
ブラウンシュヴァイク	2票
ザクセン＝ヴァイマル	各1票
メクレンブルク＝シュトレーリッツ	
オルデンブルク	
ザクセン＝マイニンゲン	
ザクセン＝アルテンブルク	
ザクセン＝コーブルク＝ゴータ	
アンハルト	
シュヴァルツブブク＝ルードルシュタット	
シュヴァルツブブク＝ゾンデルスハウゼン	
ヴァルデック	
ロイス兄系	
ロイス弟系	
シャウムブルク＝リッペ	
リッペ	
リューベック	
ブレーメン	
ハンブルク	
合計	58票

（出典）　成瀬／山田／木村編『ドイツ史2』, p. 396.

ルクの配慮が見て取れる。憲法改正を阻止するのに必要な票数が一四であるのに対し、確かにプロイセンが最大票数の一七を有していたのだが、南ドイツ諸邦が結束すればそれに届く数にしてある（バイエルン六票、ヴュルテンベルク四票、バーデン三票、ヘッセン三票）。このように、連邦主義的な憲法が一方的に改正されないような仕組みにしたのである（表2参照）。

これに対して帝国議会は、帝国レベルで満二五歳以上の男性による普通・平等・直接・秘密選挙によって選出された議員によって構成されている。かつてのラサールとの会談でも見られたように、ビスマルクは三級選挙制度の下で自由主義勢力が政治的に台頭してきたのを苦々しく思っており、農民層をはじめ、こうした自由主義に「染まっていない」保守的・君主主義的な民衆を取り込もうとして普通選挙を導入したのである。各邦レベルでは三級選挙制度をはじめ不平等選挙が健在であり、また当時のヨーロッパにおいても制限選挙が一般的であったことを考慮すると、当時としては先進的な制度が導入されていたといえよう。この後追々見ていくが、帝国議会の選挙結果がビスマルクの思惑通りにならないこともしばしばあった。だが、連邦主義的な性格が強いなかにあって、帝国レベルでの普通選挙制度導入は、国内統合に少なからず貢献するものであった。これによって、一般国民の政治化を進行させ、それまでの名望家政党から国民政党へと政党のあり方が大きく変化することになるのだが、それが本格化するのはビスマルク退陣後のことである。

こうして普通選挙で選出された帝国議会が、立法機関として重要な位置を占めていたことは確かである。ビスマルクといえども常に法案を思い通りに成立させることはできず、帝国議会において支持基盤を形成する必要があった。そのために、彼は解散に打って出ることもあった（一八七八年と八七年の二回）。ちなみに、一度目は思うような成果があがらなかったが、二度目はビスマルクを支持する保守党・帝国党・国民自由党が選挙協力協定（カルテル）

を結んで大勝し、確固とした支持基盤を形成することに成功している。

だが、議会主義を嫌うあのビスマルクが、帝国議会に大きな権限を与えるわけがない。例えば、先述したように、帝国議会の決定が法律となるには連邦参議院の同意が必要とされた。さらに、外交問題や対外政策に関しては、帝国議会は一切関与することができなかった（そのため、彼は第Ⅶ章で見ていくように、議会の思惑を一切気にせず自身の外交政策を展開できたのである）。軍事予算に関しても、平時における兵員数と一人あたりの費用を、毎年審議するのではなくて七年ごとに審議することで、議会の軍隊に対するコントロールを制限している（一八七四年の帝国軍事法）。そして、帝国議会の権限制限の極め付きは、帝国行政の長である帝国宰相との関係にあったといえる。

ドイツ帝国では、自由主義派の議員たちが望んでいた責任内閣制がとられず、皇帝が任命する帝国宰相が唯一の大臣として行政を取り仕切ることになった。行政機関としては、当初は宰相府しか設けられなかったが、役割ごとに次第に各官庁に枝分かれしていくものの、その官庁のトップは（「大臣」ではなく）帝国宰相直属の部下である「長官」であり、帝国議会に対して責任を負うことはなかった。だが、このシステムでは議会が政府の政治的責任を問えないとして、自由主義派議員は何とかして帝国宰相の政治的責任を明確にするよう繰り返し求めたのである。この点をめぐるビスマルクと彼らの衝突は、第Ⅴ章で見てきた北ドイツ連邦憲法審議議会の折にも見られ、そのときは（北ドイツ連邦）宰相が連邦元首の統治行為に対して副署することで責任を負うことになり、そのシステムがドイツ帝国においても踏襲されることになった。さらに一八七八年には宰相代理法が制定され、いわゆる副宰相が設けられるとともに、帝国各官庁の長官が宰相の権限を代行することが可能になった。だが、それでも責任内閣制には程遠く、結局のところ政府の政治的責任は曖昧なままとなった。

統治システムとしての「ビスマルク体制」

以上が、ビスマルクが構築したドイツ帝国の政治システムであり、基本的にはこのシステムが彼の退陣後も引き継がれていく。だが、このシステムを運用するにあたり、彼はその後の歴代の帝国宰相とは異なる手法をとることになる。帝国成立後、彼は自身の健康問題から、先に紹介した所領のヴァルツィーン、あるいはフリードリヒスルーに引き籠ることが多くなり、そこから首都ベルリンに頻繁に具体的な指示を送って、政治を動かしていくようになる（そのため、ビスマルクの覚書や指示の数は膨大なものであり、そのおかげでその時々の彼の意図や考えを追跡することができるのである）。一八八六年に彼の長男ヘルベルトが外務長官に就任すると、もっぱら彼が代役として父親の指示を忠実に実行していくようになり、大きな存在感を示すようになった。このように、ビスマルクの統治スタイルは、内政面においても

「ビスマルク体制」と呼んで差支えないような独特の様相を呈していたのである。

一八八八年に皇帝に即位するヴィルヘルム二世がビスマルクと衝突した理由は後述するようにいくつか挙げることができるのだが、このような統治スタイル――老宰相がベルリンから遠く離れたところで自分を通り越してすべてを決めてしまう――は、自尊心が強く、政治に積極的に関与したがるこの若い皇帝には癇《かん》に障るものであったであろう。もしかしたら、両者の間に生じた亀裂のそもそもの原因は、このあたりにあるのかもしれない。

自由主義的な風潮の下で

ビスマルク時代前半における彼の国内統合政策は、国民自由党との協力関係の下で推し進められていった。国民自由党は、第Ⅳ章で見てきたように、自由主義勢力のなかにあって普墺戦争後にビスマルクに協力することでドイツ統一事業を推進すべく結成された政党で、この時期の帝国議会において最大勢力を誇っていた。彼は国民自由党に加え、保守勢力のなかにあって自身の政策を支持してくれる自由保守党（帝国党）を交えることで、帝国議会において確固とした基盤を見出し、いくつもの重要な法案を次々に成立させていった。具体的には統一的な刑法典、営業法、銀行法、出版法、司法関係諸法などであり、いずれも統一国家において必要な基本的な制度を整えるものであった。さらにこのときに、度量衡と通貨も統一された。モニュメントやイベントも、誕生したばかりのドイツ帝国の国内統合に大きな役割を果たしていく。

例えば一八七三年九月には、帝国建国に伴う三度の戦争の勝利を記念して戦勝記念塔《ジーゲスゾイレ》が帝国議会議事堂前に建立され（ナチ期にティーアガルテンに移築され、現在に至っている）、その他にも各地に記念碑が作られていく。また、独仏戦争時にナポレオン三世を捕虜にしたセダンの戦いのあった九月二日は「セダン記念日」とされ、国民的祝祭が行われるようになった。この祝祭はビスマルクの発案によるものではなく地域レベルで自発的に生じたものであったが、急速に全国に広まっていった。こうしたモニュメントや祝祭は、後に帝国ナショナリズムを象徴するものへとなっていく。

この時期のビスマルクの内政の特徴は、国民自由党との提携関係も少なからず影響しているのだが、総じて自由主義的な色彩が強かったといえよう。ビスマルクを支えるスタッフを見ても、自由貿易主義を掲げる宰相府長官ルードルフ・デルブリュックをはじめ、国民自由党に近い人物が何人か見て取れる。議会主義を嫌うビスマルクがここまで国民自由党との提携を重視したのは、先に見たように成立したばかりのドイツ帝国にあって必要最低限の法整備を行う必要に迫られていたからに他ならない。だからといって、国民自由党の言いなりになるような彼ではない。先に見た一八七四年の帝国軍事法や一八七八年の宰相代理法においては、自身の主張をかなりの程度押し通すことに成功しており、国民自由党は大幅な妥協を余儀なくされている。

では、なぜ国民自由党はそこまでしてビスマルクに協力したのであろうか。彼らは、ビスマルクとの協力関係を積み重ねていくことで、帝国宰相から徐々に譲歩を引き出し、それでもって帝国議会の権限を強めていき、帝国を自由主義的なコースへ誘導しようとしていたのである。だが、これはビスマルクが最も望んでいなかったことであり、両者の提携関係が克服しがたい大きな壁に直面するのは、時間の問題であったといえよう。実際、それは帝国成立から一〇年も経たないうちにやってくるのである。

「文化闘争」

ビスマルクによる国内統合は、国内に「国家の敵」を作り出すという手法でも進められていった。いわゆる「負の統合」と呼ばれるものである。最初に標的とされたのはカトリック教徒であった。ここにドイツ帝国を揺さぶる「文化闘争」が一八七〇年代を通じて展開されていく。

「文化闘争」は、ビスマルクが最初から意図して仕掛けたものではなかった。その背景には、一九世紀を通じてローマ教皇庁を中心にカトリック教会が、押し寄せてくる世俗化・近代化の波に対抗すべく巻き返しを図っていたことが挙げられる。とりわけ教皇ピウス九世は一八六四年一二月、近代的な思想や文化の「誤謬《ごびゅう》」を糾弾する「謬説表」を発表して自由主義をはじめ近代化をことごとく批判し、六九年一二月から開催された第一バチカン公会議では「教皇不可謬性」（信仰及び道徳に関する教皇の決定は誤り得ないとするもの）を唱えたのである。

「文化闘争」で対立するビスマルクとピウス９世を描いた諷刺画（1875年５月16日の『クラデラダッチュ』第22・23号より）

このような教皇庁の強硬姿勢は、進歩の概念を重視し、近代化を推し進めていこうとする自由主義勢力には脅威に映り、ヨーロッパ各国で世俗権力や自由主義勢力とカトリック教会の対立が生じるようになった。それはドイツでも無縁ではなかった。ドイツ医学界の重鎮で自由主義左派の進歩党の議員でもあったルードルフ・フィルヒョウは、一八七三年のプロイセン下院の演説で、カトリック勢力との対決はドイツ国民の「文化」を守るための闘争であると宣言した。ちなみに、このときの彼の演説が「文化闘争」の語源となっている。こうした自由主義勢力とカトリック勢力の対立にビスマルクが便乗する形で「文化闘争」が展開されていったのである。

ビスマルクが「文化闘争」に踏み切った理由は、実はよくわかっていない。一八七四年二月五日付（ロシア皇帝に向けての）覚書によると、プロイセン東部において（カトリック教徒である）ポーランド人勢力が強まりつつあり、ビスマルクがそれに危機感を抱いていたことが見て取れる。あるいは、この時期「教会の自由」を唱えて結成された中央党がカトリックの宗派的利害を優先しており、先に見た教皇庁の強硬姿勢がそれと重なり合って（党の指導者ヴィントホルストは必ずしもピウス九世の姿勢に賛同していたわけではないのだが）、中央党の存在が国内統合を阻害する要因になりうるとして反感を抱いていたことも指摘されている。さらには、先述したようにこの時期彼は、自由主義勢力の国民自由党と協力して様々な法整備を行っている最中であり、カトリック勢力の反動的な動きを危険視する同党との結束を強化しようとしたという見方もある。

いかなる意図があったにせよ、ビスマルクは自由主義勢力を味方につける形で、カトリックに対する抑圧政策を帝国レベルで実施した。一八七一年一二月には説教壇条項（聖職者が説教の際に政治問題に言及した場合には刑罰の対象となることを定めた条項）を刑法典に追加し、翌年七月にはイエズス会禁止法、七四年五月には聖職者の国外追放処分に関する法を定め、七五年二月には婚姻法を定めて、民事婚を義務化したのである（プロイセンでは七四年に先行して実施）。

こうしたカトリック抑圧政策は帝国を構成する各邦でも展開されていくのだが、なかでもプロイセンではそれが苛烈《かれつ》であった（ドイツ帝国のなかでカトリック教徒の絶対数が一番多かったのがプロイセンの八二七万人、プロイセン人口の三三・五％。次いでバイエルンが三四六万人、バイエルン人口の七一・二％）。七一年七月にはプロイセン文部省カトリック局が廃止された。翌年に自由主義的なスタンスをとるアーダルベルト・ファルクがプロイセン文相に就任すると、カトリック抑圧策がエスカレートしていき、同年に学校の監督権が聖職者から奪われた（学校監督法）。七三年にはいわゆる「五月諸法」が施行され、新たに聖職者になる者に対して国家試験を課し、さらには聖職者の任免に国家が介入することなどが定められ、国家による統制が強まった。七五年になると、カトリック教会への国家補助金が停止され、さらには純粋医療目的のものを除くすべての修道会が解散させられたのであった。

「我々はカノッサへは行かぬ。身体的にも、精神的にも！」（一八七二年五月一四日の帝国議会演説、GW, XI, 270）。一一世紀に神聖ローマ皇帝が教皇に膝《ひざ》を屈した故事を踏まえて、こう高らかに宣言したビスマルクの反カトリック政策は一八七五年にピークを迎えたのだが、その結果は彼の思惑とは正反対のものとなってしまった。カトリック教徒は中央党を拠り所として結束し、消極的抵抗を粘り強く続けていった。それは帝国議会選挙における中央党の議席増加という形で現れ、一八七〇年代後半においては帝国議会議席の約四分の一を占めるとともに、議会においてキャスティングボートを握れるほどにまで成長したのである。カトリックを標的とした「負の統合」は明らかに失敗であった。この後、彼は一八七八年に教皇がピウス九世から穏健なレオ一三世に代わったのを機に、反カトリック政策を放棄して、一連の反カトリック諸法を緩和していくことになる。

社会主義者鎮圧法

ビスマルクによる「負の統合」の標的は、社会主義者にも向けられた。

先述したように、一八五〇年代に展開した工業化の影響でドイツの社会・経済状況は大きく変化し、工業労働者の数は増大した。それを背景に労働者政党が一八六〇年代に結成されていく。なかでも注目すべきは、先に見たラサールが主導する全ドイツ労働者協会であり、それに続く形でアウグスト・ベーベルが主導する、マルクス主義の影響を受けた社会民主労働者党であった。リベラル系が労働者問題の受け皿になったイギリスとは異なり、ドイツでは右記の二つの勢力が合流して一八七五年に社会主義労働者党（一八九〇年にドイツ社会民主党と改名して現在に至る）を結成すると、マルクス主義的潮流が主流となって、同党が労働運動をリードしていくことになる。こうした動きを警戒したビスマルクは、社会主義勢力のこれ以上の台頭を防ぐべく、出版法や結社法を動員して規制しようと試みるのだが、一八七七年の帝国議会選挙では逆に同党に五〇万票近くが集まり、帝国議会において一二名の議員の輩出を許してしまったのである。

ビスマルクは一八七八年、ブリキ職人マックス・ヘーデルによる皇帝暗殺未遂事件（五月一一日）を受けて社会主義者を取り締まる法案を帝国議会に提出したが、法の前の平等を損なう内容のゆえに帝国議会において圧倒的多数で否決された。ところが、六月二日にまたしても皇帝暗殺未遂事件（犯人は大学出のカール・ノビリングで社会主義勢力とは直接関係がなかった）が起こり、しかも八一歳のヴィルヘルム一世が重傷を負うと、ビスマルクはこの法案を可決すべく帝国議会の解散に打って出た。社会主義の恐怖を煽動したこともあって、七八年の帝国議会選挙では自由主義勢力が後退し、保守勢力が議席を伸ばした。こうした改選後の帝国議会で、国民自由党の賛成を何とか取り付け、ようやく法案が可決されたのである。世にいう「社会主義者鎮圧法」である。

労働者運動をねらい撃ちにしたこの法律によって、社会主義系の組織は（そう疑われるものも含めて）解散させられ、集会や印刷物も禁止された。その結果、ベルリンをはじめいくつかの都市で小規模ながら戒厳令が布かれ、一八七八年末の時点で約二〇〇の結社組織が解散に追い込まれるなど、厳しい取締りが行われた。国民自由党の要望で当初は二年の時限立法のはずであったが、四回にわたって延長されて一八九〇年まで効力を持ち続け、約一五〇〇名が禁固刑に処され、約九〇〇名がその地域から追放処分にされたのであった。

だが、このような厳しい取締りを行ったにもかかわらず、結果はまたしてもビスマルクの思惑とは裏腹なものとなった。社会主義者鎮圧法では、選挙に参加する権利と議員としての免責権が保障されており、抑圧された状況下にあっても、社会主義労働者党は活動を継続した。その結果、一八八〇年代半ば以降には得票数と議席を着実に伸ばし、一八九〇年の帝国議会選挙では得票数と議員数が過去最大となったのである（七八年時には九名であったが、九〇年時には三五名で得票数では第一党であった）。

こうして社会主義者を標的にした「負の統合」も失敗に終わることになり、一八九〇年にはビスマルク退陣を呼び込む要因の一つとなった。

転換点としての一八七九年

一八七九年は（第Ⅶ章で述べるように外政面で転換点となる年なのだが）内政面においてもビスマルク体制にとって転換点となった。保護関税の導入とそれに伴う国民自由党との連携関係の解消である。

保護関税導入の声が国内で強まった背景には、国内の経済情勢の変動が挙げられる。帝国創建直後は、一八五〇年代から本格化した工業化の影響とフランスからの賠償金の効果で、ドイツ経済は前例のない好景気に沸き、一八七一年からの三年間でプロイセンでは鉄道を中心に九〇〇以上の株式会社が設立され、「会社設立ブーム」が起こっていた。ところが、一八七三年にウィーンの証券取引所での大暴落をきっかけに生じた世界恐慌によって、ドイツ経済は一転して深刻な不況に陥ってしまう。このような状況のなか、重工業を中心に産業界は、外国との経済競争に耐え抜くためにも、これまで政府が進めてきた自由貿易から保護関税貿易への転換を求めるようになった。他方、農業界も、交通手段や貯蔵技術の発展の結果、同時期にアメリカやロシアから大量の安価な穀物がドイツに流入するようになり、同様に保護関税を要求するようになった。こうして、農業界と産業界がそれぞれ利益団体を設けて保護関税をめぐって共同戦線を張っていったのである。

ビスマルクが最終的にこうした保護関税の要求に応じるようになったのは、確かに彼自身ユンカーであり、農業界の利害を共有していたからなのだが、それとは別の理由もあった。彼の脳裏には帝国の財源問題があったのである。

先述のように、ドイツ帝国は二二の君主国と三つの都市国家から成る連邦国家であり、直接税はすべて各邦の財源となっていたため、帝国の財源は間接税、関税、帝国の事業収入に限定され、財政の不足分は諸邦が拠出する分担金によって賄われていた。こうした状況を改善して帝国の歳入増加を図るべく、彼は保護関税導入に前向きになったのである。自由貿易主義を唱え、それまでビスマルクを支えてきた宰相府長官デルブリュックが一八七六年に退任したことも、こうした流れを強める結果となった。

保護関税の問題をめぐって、ビスマルクは当初国民自由党の同意を得ようとした。その際彼は、同党の指導者ルードルフ・フォン・ベニヒセンにプロイセンの大臣のポストを提供しようとすらしたのである。だが、それには多くの難題が横たわっていた。そもそも同党は経済面でも自由主義を奉じているため、保護関税導入は党の基本方針に真っ向から対立するものであった。その点で折り合いがつかないにもかかわらず、同党はベニヒセンに加え、大臣のポストをさらに二つ要求してきたのである。ヴィルヘルム一世の了解が得られる見通しも全く立たない。そこでビスマルクは方針を転じて、国民自由党の弱体化を図り、さらには帝国議会における提携パートナーを別に求めようとした。

前者に関しては、二度目の皇帝暗殺未遂事件に端を発する一八七八年の帝国議会選挙において保護関税キャンペーンを展開することで、さらに同年の社会主義者鎮圧法制定によって、国民自由党の勢力を後退させることに成功した。後者に関しては、ビスマルクは「文化闘争」で標的としていた中央党に接近したのである。彼は中央党が提示する条件（関税と間接税による帝国の収入のうち一億三〇〇〇万マルクを超える分については各邦に分配し、その代わりに各邦は帝国が不足する分を従来通り分担金を拠出することで補うというもので、提案者の名前をとってフランケンシュタイン条項と呼ばれる）を呑むことによって、一八七九年七月に保守党、帝国党、中央党の協力で保護関税法を成立させた。

保護関税導入がもたらした影響は、経済レベルにとどまるものではなかった。帝国創建時には最大勢力を誇りながら、七八年の帝国議会選挙と社会主義者鎮圧法の影響で勢力を後退させつつあった国民自由党が、保護関税を支持する右派とそれに反対する左派が相次いで離党してしまったために、議会第一党の地位から追われ、勢力を大幅に落としてしまったのである。帝国議会では、これに代わって「文化闘争」を戦い抜いた中央党が相対的に議会第一党にのし上がり、存在感をますます高めていく。

自由主義勢力の後退は、プロイセン政府の内部でも生じていた。かつて「文化闘争」の旗振り役として活躍した文相ファルクを含め、自由主義的と目されていた大臣六人が一八七八年から七九年にかけて辞任・更迭《こうてつ》されたのである。これを機にドイツの政治社会が保守的な様相を帯びるようになったことから、このときの転換を「第二の帝国建国」あるいは「保守的転換」と呼んでいる。

さらなる「負の統合」

一八八〇年代に入ってからのビスマルクの内政の特徴は、標的を別の勢力に変えての「負の統合」の継続と一連の社会保険政策の二つにまとめることができよう。

一八八〇年代前半は、ドイツ国内において自由主義左派勢力が活気づいた時期でもあった。その背景には、一八八〇年に八三歳を迎えた皇帝ヴィルヘルム一世がいつ亡くなってもおかしくない状況があった。皇太子フリードリヒ・ヴィルヘルムはこのとき四九歳、普墺戦争や独仏戦争では一軍を率いて勝利に貢献しており、後継者としては何の問題もなかった。ただ、ビスマルクにとって不都合なことには、彼がイギリスのヴィクトリア女王の長女ヴィクトリアを妃に迎え、かねてから自由主義に好意的な存在として周囲の目に映っており、また彼自身そのように振舞うこともしばしばあった。進歩党や国民自由党離脱組の自由主義左派勢力は、このような状況を前に大同団結して「ドイツ自由思想家党」を一八八四年に結成していたのである。フリードリヒ・ヴィルヘルムが即位すればこの政党が大きく躍進し、宰相の地位を追われるかもしれない。危機感を抱いたビスマルクは、同党に代表される親英的な自由主義左派を「帝国の敵」と位置づけて攻撃したのである。

この時期に「帝国の敵」というレッテルを貼られたもののなかには、ポーランド人勢力もあった。「文化闘争」の折にもカトリック抑圧策を通じてプロイセン東部地域におけるポーランド人勢力を抑え込もうとしたビスマルクは、一八八〇年代半ばになるとドイツ語教育の推進やドイツ人農民の入植といったゲルマン化政策をさらに推し進めるとともに、ドイツ国籍を持たないポーランド人農業労働者を国外に追放したのである。

一連の社会保険政策

こうした「負の統合」の一方で、ビスマルクは一連の社会保険政策を展開する。社会主義勢力が大きく台頭する要因に工業労働者の増加があったことはすでに見てきたとおりであり、何らかの対応を講じる必要が生じていたのである。ビスマルクは社会主義者鎮圧法により労働運動に対しては断固とした姿勢を示すものの、その一方で「キリスト教的な精神」でもって窮状にある労働者の保護を企図した。その姿勢は一八八一年一一月一七日の帝国議会開会式でヴィルヘルム一世から発せられた開会勅語（いわゆる「社会勅語」）のなかで示されている。

その結果、一八八三年六月には疾病保険法、八四年七月には労災保険法、八九年六月には老齢廃疾保険法が成立したのである。疾病保険法では、保険加入者は既存の疾病金庫のいずれかへの加入が義務付けられ、原則として保険料の三分の二を負担し（残り三分の一は雇用者負担）、無料の診療・投薬を受けることができるようになった。労災保険法では、雇用者・労働者ともに労災保険への加入を義務付け、保険料は雇用者側が全額負担（賦課方式）し、その管理運営は雇用者が結成した「同業協同組合」に委ねられた。老齢廃疾保険法では、加入者が七〇歳以上、あるいは労災と無関係な疾病や事故にあって就業できなくなった場合には、年金を支給することが定められたのである。

細かく見ていけば、当初加入義務は一定の部門に限られており、また、失業も含め、生存にかかわるいくつかの重要なリスクがそこから除外されていた。しかも給付金が乏しく、いずれも十分な社会保障とはいえなかった。だが、それでも、ビスマルクによる一連の社会保険政策が今日に続く社会保険制度の礎《いしずえ》を築いたことを考慮すれば、やはり高く評価すべきものであろう。

しかしながら、ここに実現した一連の社会保険は、ビスマルクが思い描いていたものとは異なるものであった。そのズレが特に著しいのが一八八四年に成立した労災保険法であった。彼は当初、低賃金の労働者の保険料を帝国が負担する形の保険を考えており、「帝国保険施設」を新設し、それを通じて労災保険を管理運営することで、労働者を直接国家に結びつけようとしたのである。これはまさに、(今日ではよく見られるような)国家が社会保険に直接関与する形態であった。だが、ドイツ帝国では各邦が尊重される連邦制がとられており、このような中央集権的な国家の介入は抵抗感をもって受け止められた。さらに、とりわけ自由主義左派勢力に至っては、ビスマルクの政策を「国家社会主義」として痛烈に批判し、労働者が加入する社会保険は民間に任せるべきであって国家が乗り出すべきではないとしたのである。こうした激しい抵抗のゆえに、労災保険法案は最初に帝国議会に提出されてから成立までに三年の月日を要し、しかも最終的にはビスマルクが譲歩する形（すなわち国家が直接介入しない形）で成立したのである。

では、こうした一連の社会保険政策は、ビスマルクが企図したような成果をあげたのであろうか。先述したように、社会主義労働者党が一八八〇年代半ば以降には得票数と議席を着実に伸ばしていき、一八九〇年の帝国議会選挙では、得票数では議会第一党にのし上がった点を考慮すると、思うように労働者を取り込むことに成功しなかったと評価せざるを得ない。

このように見ると、歴史的には大きな意義を有する社会保険政策も含め、ビスマルクは内政の分野では多くの点で思惑通りに事が運ばず、彼が望む成功を収めることができなかったのである。

第Ⅶ章

「誠実なる仲買人」として——ビスマルク体制下のヨーロッパ

Als „ehrlicher Makler": Europa unter Bismarck-System（1871–90）

ドイツ帝国が抱え込む対外的負担

帝国宰相としてビスマルクがその能力を存分に発揮したのは、やはり外交政策の分野においてであった。

成立したばかりのドイツ帝国にあっては、対内的な問題よりも対外的な問題の方がはるかに深刻な状況にあり、難しい舵取りが要求されていた。その要因は、ドイツ帝国の成立過程に求められる。すでに見てきたように、ビスマルクはわずか一〇年足らずの間に、ヨーロッパ五大国のうちの二つ（オーストリアとフランス）を立て続けに破り、プロイセンをドイツ帝国創建に導いたのである。まさにこのことは、それまでのヨーロッパ大陸における国際秩序と大国間の勢力バランスを軍事力で大きく覆したことを意味していた。そのため、ドイツはさらに戦争によって領土を拡大させるのではないだろうか、という強い不安感と警戒心を他の列強に与えてしまったのである。後にイギリスの首相となるディズレーリに至っては、一八七一年にこうした動きを「ドイツ革命」と称して議会で警鐘を鳴らしたほどである。

これ以外にも、成立したばかりのドイツ帝国は大きな対外的な負担を抱え込むことになる。それが、フランスとの敵対関係であった。先述したように、独仏戦争時にドイツは五〇億フランの賠償金に加え、ベルフォールを除くアルザスとロレーヌの一部をフランスから奪い取った。ビスマルクがアルザス・ロレーヌの割譲を求めた理由については、第V章で見てきたように諸説存在するが、いずれにせよ結果的には大国フランスのプライドを著しく傷つけ、反発心・復讐心をフランスに植え付けたのである。しかも、それがフランス第三共和政下では国民統合の手段に用いられたこともあって、ドイツに対する敵愾《てきがい》心・復讐心が一時的かつ短期的なものにとどまらず、フランスとの敵対関係を固定させてしまったのである。

その際、ビスマルクが最も恐れたのが「同盟の悪夢」であった。周知のようにドイツはヨーロッパ大陸の中央部に位置しているため、反独的な同盟が形成されてしまうと、容易に包囲されてしまう危険があったのである。そのため彼は、ドイツ帝国の安全保障を確立するためには、何としてでもフランスにドイツを包囲するような反独同盟を結ばせないようにする必要があった。

「充足国家」として

このようにドイツ帝国は、成立早々に大きな対外的負担を抱え込むことになった。そこでビスマルクは次に見る二つの戦略をとることで、これらの対外的負担を軽減し、ドイツ帝国の安全保障を確保しようと努めていく。

第一の戦略とは、ドイツ帝国がもはや「充足した」状態であり、これ以上領土を獲得することはないという自制の姿勢を内外にアピールすることで、周辺列強が抱く対独警戒心を多少なりとも緩和しようというものであった。一八七六年二月九日、彼は帝国議会において「我々には征服すべき何ものもなければ、獲得すべき何ものもなく、我々が持っているもので満足しているのであり、我々がさらなる領土の征服や拡張を欲しているのだというのは、誹謗《ひぼう》中傷でしかありません」（GW, XI, 431）と明言している。その姿勢はその後も保持され、一八八七年一月一一日の帝国議会では「我々は戦争を欲してはおらず、かのメッテルニヒ老侯が命名した『充足国家』に属しているのであって、剣をとって〔領土を〕戦い取るつもりはありません」と述べている（GW, XIII, 209）。

このようにビスマルクは、戦争の危険性を弄《もてあそ》ぶのではなく、平和志向の人物として振舞おうとしたのである。そして彼は、それを東ヨーロッパで実現する機会を得た。ドイツとオーストリア・ハンガリー（普墺戦争での敗北後、オーストリアは一八六七年にハンガリーに同等の地位を与え、二重君主制をとっている）、ロシアとの間に一八七三年一〇月二二日に成立した三帝協定である。

これは、一八七二年九月にロシア皇帝アレクサンドル二世とオーストリア皇帝フランツ・ヨーゼフがベルリンを訪問したのをきっかけに交渉が始まり、翌七三年六月に墺露間でシェーンブルン協定が結ばれ、そこにドイツが加入したことで実現したものである。

オーストリア・ハンガリーとロシアはクリミア戦争以来対立関係にあり、双方がそれぞれの政治的野心を追求すべくドイツの支持を求めていた。ビスマルクはこれらのいずれかと二国間関係を構築・強化するのではなく、三国の友好関係を構築することで、墺露両国の対立を緩和するだけでなく、フランスに対するドイツの国際的立場を強化しようとしたのである。ちなみにこの協定は、ドイツの安全保障を確保する上で何らかの軍事的な約束がなされたわけではなく、三帝間の友好協力関係を宣言したものにすぎなかった。それでもビスマルクはこの三国間の結びつきを重視し、最後までこれを維持しようと尽力することになる。

フランスに対する戦略と誤算

敵対的な方向で二国間関係が固定されてしまったフランスに対しては、ビスマルクは第二の戦略で相対しようとする。それはフランスを懐柔するのではなく、強硬姿勢でもってプレッシャーを与え続け、フランスの外交的孤立を図るというものであった。一八七二年二月、彼はその方針を次のように伝えている。

わが国が欲するのは、フランスによって邪魔されないことであり、もしフランスがわが国との平和を欲しない場合には、フランスが同盟国を見出せないようにすることです。フランスが同盟者を見出せない限り、わが国にとってフランスは危険な存在ではなく、ヨーロッパの君主制諸大国が結束している限り、いかなる共和国も脅威ではありません。（一八七二年一二月二〇日付パリ駐在大使アルニム宛、*GW-NFA*, III-1, 414f.）

フランスがドイツの思惑に反して賠償金をわずか数年で完済し、しかも一八七五年三月には陸軍の拡大につながる改革がなされると、ビスマルクは危機感を募らせ、プレス・キャンペーンを張ることでフランスを牽制しようとした。四月九日、彼はベルリンの『ポスト』紙（*Post*）に「戦争、目前に迫る？」と題する衝撃的な記事を書かせ、そしてその数日後には、政府系の新聞『北ドイツ一般新聞』（*Norddeutsche Allgemeine Zeitung*）に補足記事を掲載させた。こうした一連の報道を通じて、彼はフランスにヨーロッパの平和攪乱者のイメージを植え付け、これに対抗するために武力行使の可能性をちらつかせたのである。

だが、フランスへの威嚇は失敗に終わった。このときはフランス側の対応が一枚上手であった。フランスの精力的な外交活動の結果、ロシアばかりか、そのロシアと中央アジアやバルカン問題などで対抗関係にあったイギリスまでもが、戦争を回避すべくパリではなくベルリンに対して外交的に干渉してきたのである。まさにビスマルクは、フランスに対する列強の反応を読み誤ったことになり、外交的撤退を余儀なくされた。

この「目前の戦争」危機を通じてビスマルクは、たとえ英露両国の関心が国内やヨーロッパ外に向けられていたとしても、ドイツの態度いかんではドイツに対して「口出し」してくる危険があることを、身をもって知ったのである。こうした経験を通じて列強が抱くドイツへの警戒心を再認識した彼は、ドイツ帝国の安全保障を確立するために、第一の戦略を補強すべく、口先だけでなく何らかの具体的な方法によって、列強の警戒心を緩和する必要に迫られた。

バルカン情勢の変動と領土補償構想

その際にビスマルクが採用したのは、かつてウィーン会議で採用され、彼自身一八六〇年代に実施しようとした「領土補償」という伝統的な手法であった。このとき彼が思い描いていたのは、オスマン帝国を犠牲にして、イギリスにはエジプト（スエズ）を、ロシアにはクリミア戦争で失ったベッサラビア地方（あるいはブルガリア）を、そしてオーストリア・ハンガリーにはボスニア・ヘルツェゴヴィナを割り当て、当地への進出を積極的に支援するというものであった。ドイツ帝国がウィーン体制に基づくそれまでの国境線の変動を伴って成立したことを受け、その代償を各国に提供することで新たな勢力均衡に基づく国際秩序を作り出そうとしたのである。

こうしたビスマルクの構想の背景には、バルカン半島情勢の変動があった。「目前の戦争」危機が終息した直後の一八七五年七月、ヘルツェゴヴィナで農民蜂起が勃発し、すぐさま隣州ボスニアに飛び火した。本来であれば、この蜂起はオスマン帝国で生じた地方反乱にとどまるはずであったのだが、スラヴ系諸族の不満とナショナリズム、さらにはオーストリア・ハンガリーとロシアの思惑と介入が交錯した結果、列強を巻き込んだ国際問題へと発展したのである。しかも、一八七六年六月末から七月初めにかけてセルビアとモンテネグロが、さらにその翌年四月にはロシアがオスマン帝国に宣戦布告（露土戦争）したため、事態は悪化の一途を辿ることになった。このように、七五年夏に突発したバルカン問題のゆえに、列強の関心はドイツからバルカン半島に移ったのであった。ビスマルクは「マスケット銃で武装したたった一人の健全なポメルン兵の骨にも値しない」（一八七六年一二月五日の帝国議会演説、GW, XI, 476）と評するほど、バルカン半島そのものに何の利害も見出していなかったため、バルカン半島情勢の変動という「外からの刺激」を利用して、何の躊躇《ちゅうちょ》もなくオスマン帝国を犠牲にした領土補償構想を思い描いたのである。

この構想に基づいてビスマルクは、一八七六年以降各国に対して、彼が代償として想定する地域への進出を後押しする姿勢を事あるごとに示していった。とりわけ、バルカン半島への勢力進出を企図するロシアを強く意識してか、彼はイギリスの関与に強くこだわった。例えば、一八七六年秋には次のように述べている。

現時点で私はただ、もし皇帝アレクサンドル〔二世〕のような温厚な君主が困難な国内状況のゆえにトルコ〔オスマン帝国〕にいるキリスト教徒の支援へと駆り立てられるようであれば、イギリスはそのためにロシアに対して宣戦布告するのではなく、スエズとアレクサンドリアを占領すべきであり、それによって、たとえトルコを犠牲にしてでも、ヨーロッパの平和を維持すべきであると考えている。（一八七六年一〇月二〇日付ヴァルツィーン口述書、*GW-NFA*, III-2, 623）

キッシンゲン口述書

「キッシンゲン口述書」は露土戦争が勃発した直後の一八七七年六月一五日、ビスマルクが療養先キッシンゲンに滞在していた際に作成されたもので、それは元来、ペテルブルク駐在大使シュヴァイニッツに対する今後の具体的な指示を取りまとめたものであった。だが、そこにはビスマルクの国際情勢に対する認識とそれに対する基本構想が端的かつ具体的に展開されているため、これまでに幾度となく先行研究で引用されてきた有名な史料である。

それによると、「同盟の悪夢」を警戒しつつ、イギリス、ロシア、オーストリア・ハンガリーのそれぞれがバルカン半島や黒海、東地中海を含めたオリエント地方で対抗し合うような状況が作り出せれば、「フランスを除くすべての列強がわが国を必要とし、そして相互の関係を通じてわが国に敵対する連合が可能な限り妨げられる、そのような政治的な全体状況」を生み出せるとある（*GW-NFA*, III-3, 153）。

これまでは右記に紹介した箇所が注目されてきたのだが、別の箇所を見ると、実は先に紹介したビスマルクの領土補償構想が展開されている。口述書の冒頭を見てみよう。

私が望むのは、もしイギリスがエジプトに対して目論見を抱いているのであれば、それと目立つような形を避けながらも、彼らを励ますことである。〔……〕イギリスとロシアが、前者がエジプトを、後者が黒海を手に入れるという基盤に立って合意することになれば、両国は長期にわたって現状維持に満足することができ、しかも両国の最大の利害に関して互いに競い合わねばならず、その競合状態のゆえに、双方ともわが国に敵対する連合に参加することが——イギリスの場合そのような参加を妨げる内的障害があることを別にしても——ほとんど不可能となるであろう。（*GW-NFA*, III-3, 152）

つまり、英露両国がオリエント地方において新たな領土を獲得すれば、そのために新たな対立を不可避的に引き起こしてしまうため、ドイツの外交的支持が必要となり、反独的な同盟には加わらないだろうと見ているのである。そして「たとえ英露戦争が阻止できなかったとしても、私の考えではドイツの目標は同じものであり続けるであろう。すなわち、トルコ［オスマン帝国］を犠牲にして双方を満足させるような平和の仲介にあたることである」とまで言い切っている（*GW-NFA*, III-3, 153）。

ベルリン会議

この構想を実現させる好機が到来した。一八七八年六月一三日に開かれたベルリン会議である。

露土戦争に勝利したロシアは、一八七八年三月にサン・ステファノ条約を結び、ベッサラビア地方をはじめいくつかの領土を獲得した。また、この条約によって、セルビア、モンテネグロ、ルーマニアがオスマン帝国から独立することが認められ、ブルガリアは領土を広げる形でオスマン帝国の自治国（「大ブルガリア」）とされた。

だが、この「大ブルガリア」がロシアの影響下に置かれることを見て取ったイギリスとオーストリア・ハンガリーがこれに猛反発した。とりわけイギリスは、スエズ運河を通じて最重要植民地インドへと至る「帝国の道《エンパイア・ルート》」を保持するためにロシアの南下を阻止すべく、イン

『プッツガー歴史地図 日本語版』帝国書院，2013，p.179を基に作成

ド軍を動員してマルタに派遣したために、事態は一触即発の緊迫したものとなったのである。

そこで、この事態を解決するために、ベルリンで国際会議が開かれることになった。ディズレーリやゴルチャコフをはじめ、各国の首脳が集まるなか、ビスマルクは「取引の成立を真に願う誠実なる仲買人」（一八七八年二月一九日の帝国議会演説、GW, XI, 526）として列強間の利害を調整し、約一ヵ月にわたる交渉の末に国際的な危機を乗り切ることに成功し、七月にベルリン条約が結ばれた。これによって英露間の戦争は回避され、会議をまとめあげて「名誉ある平和」を実現したビスマルクの国際的評価はここに一気に高まった。しかも、このときドイツはいかなる代償も求めなかったため、ドイツがさらに領土を拡大させるのではないかという列強の警戒心をほぼ払拭することができたのである。

ちなみに、この条約によってセルビア、モンテネグロ、ルーマニアの独立が正式に認められ、オーストリア・ハンガリーはボスニア・ヘルツェゴヴィナの管理権を、イギリスはキプロス島の統治権を、そしてロシアはベッサラビア地方に加え、いくらかの領土を獲得した。ただし、ロシアが強く望んでいた「大ブルガリア」は三分割されることになり、バルカン半島におけるロシアの勢力は後退を余儀なくされたのである。これが思わぬ形でビスマルク外交に跳ね返ってくることになる。

「急場しのぎ」の対応──同盟政策への転換

ロシアにとってベルリン会議の結果は、確かに多少の領土を獲得することはできたものの、サン・ステファノ条約での重要な成果を失うことを意味していた。そのため、ロシア国内では不満と怨嗟《えんさ》の声が沸き起こり、その矛先がドイツとビスマルクに向けられたのである。それがもたらした事態は、彼にとって深刻なものであった。彼が最も重視していた三帝協定が崩壊してしまったからである。このままでは、ドイツへの反感から露仏両国が同盟を結んでドイツを挟み撃ちにするという最悪の事態を招きかねない。恐れていた「同盟の悪夢」が彼の脳裏を過《よぎ》ったのである。

そこでビスマルクは、それまでの領土補償に基づく外交方針をいったん放棄し、「急場しのぎ」でこの事態に対処した。一八七九年一〇月七日、彼は皇帝ヴィルヘルム一世の反対を押し切って、オーストリア・ハンガリーとの間に秘密軍事同盟（独墺同盟）を結んだのである。この内容は、ロシアがいずれかを攻めてきた場合には両国が共同して戦い、フランスがドイツに対して戦争を仕掛けてきた場合には、オーストリア・ハンガリーは好意的中立を保つことを約束するものであった（ただし、フランスがロシアと提携してドイツを攻めてきた場合には、オーストリア・ハンガリーには参戦の義務が発生する）。この独墺同盟を足掛かりに、彼はビスマルク外交の代名詞ともいえる同盟政策を展開していく。一八七九年という年は、内政のみならずビスマルク外交にとっても転換点となったのである。

独墺同盟成立直前の一八七九年九月、ビスマルクはイギリスに対しても同盟を打診している。これは実現に至らなかったが、彼のイギリス並びにオーストリア・ハンガリーへの接近は、ロシアに対して多大な外交的プレッシャーを与えることになった。その結果、ロシアの方から独露提携を提案してきたのである。まさにこれこそが、彼がイギリス並びにオーストリア・ハンガリーに接近した最大のねらいであった。彼は、オーストリア・ハンガリーと同盟を結ぶことで同国が他の列強と同盟を結ぶのを妨げると同時に、ロシアとの間にかつての三帝協定を復活させようとしていたのである。ベルリン駐在露大使サブーロフに対して、彼は次のように述べている。

私はこうして、オーストリアと西欧両大国の間に障壁を置くという私の政治システムの第一段階と呼んでいるものを実行に移すことに成功した。〔……〕私は第二段階を実現させるのを諦《あきら》めてはいない。それは三帝協定（Dreikaiserbund）を再構築することである。それは私の見るところでは、ヨーロッパの平和を最大限安定させるための唯一のシステムなのである。（Saburov, *Memoirs*, 75）

こうしてビスマルクは、一八八一年六月に念願の三帝協定を復活させることに成功したのである（このとき成立したのは、史料では「三帝同盟」［Drei-Kaiser-Bündnis］とあるのだが、独墺同盟やこの後に見る三国同盟と異なり、積極的な軍事支援の約束が含まれていないため、先行研究では三帝「協約」や三帝「条約」など、「同盟」という語を避ける傾向がある。本書では一八七三年の三帝協定との連続性を重視して「第二次三帝協定」とする）。

秘密条約として結ばれた第二次三帝協定は、一八七三年の第一次協定とは大きく異なり、第四国と戦争になった場合（例えば独仏戦争、英露戦争）には、他の二国は好意的中立の立場をとること、バルカン半島ではベルリン会議に基づく現状を維持するとともに、三国間で十分に協議して行動することが約束された。こうしてビスマルクは、フランスと戦争が起こった場合にロシアの中立を確保すると同時に、バルカン半島で対立しがちな墺露両国の衝突の阻止を図ったのである。

その翌年の一八八二年五月二〇日には、彼はドイツ、オーストリア・ハンガリー、イタリアの間に三国同盟を実現させた。これは北アフリカのチュニスへの進出をねらっていたイタリアが、フランスにそこを奪われたためにドイツに接近したことがきっかけで成立したものであった。この三国同盟では、フランスがイタリアを攻撃した場合はドイツとオーストリア・ハンガリー両国が参戦すること、フランスがドイツを攻撃した場合はイタリアのみが参

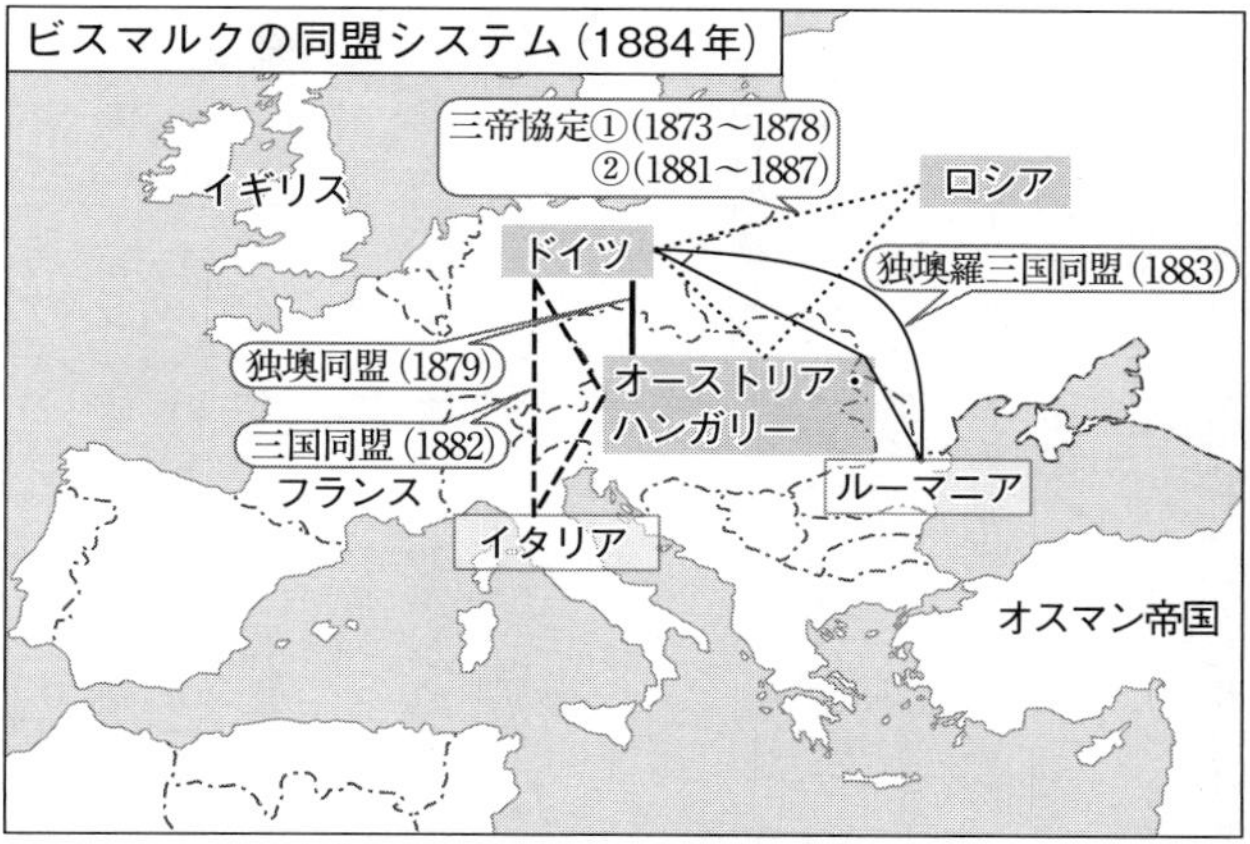

『プッツガー歴史地図 日本語版』帝国書院，2013，p.177を基に作成

戦すること（ただし、フランスがロシアと提携してドイツを攻撃した場合には、オーストリア・ハンガリーにも参戦義務が生じる）、オーストリア・ハンガリーとロシアが戦争に至った場合には、イタリアは好意的中立の立場をとることが約束された。

しかもその翌年一〇月三〇日には、オーストリア・ハンガリーとルーマニアの間に同盟条約（第三国から攻撃を受けた場合には、相互に援助し合うことを約束）が結ばれ、それにドイツも加わって、もう一つの三国同盟（独墺羅三国同盟）へと発展したのである（ちなみに、一八八八年にはイタリアがこれに参加する）。

このように、三帝協定の崩壊という最大の窮地に対して「急場しのぎ」で対処した結果、ビスマルクは念願の三帝協定を復活させるだけでなく、イタリアやルーマニアとの間にも同盟関係を構築し、結果的には一八八〇年代前半の中東欧にドイツを中心とした（秘密条約に基づく）同盟網を築いたのである。これによって、ドイツはフランスから攻撃を受けた場合には、ロシアとオーストリア・ハンガリーからは好意的中立を、イタリアからは軍事的援助を得られるようになった。フランスからの軍事的脅威に対するドイツの安全保障は、一応ここに確保することができたのである。当初から目指していたわけではないにもかかわらず、結果としてこのような同盟網を築いて（十分ではないものの）ドイツの安全保障を確保したビスマルクの外交的手腕は、見事としかいいようがない。

領土補償構想再び

しかしながら、この同盟網はロシアの出方によって、その存続が著しく左右されるものでもあった。ロシアがライヴァル国イギリスと衝突した場合には、ドイツは第二次三帝協定に基づいてロシア寄りの立場に立つため、イギリスとの対立を惹起しかねなかった。また、ロシアがバルカン半島をめぐってオーストリア・ハンガリーとの対立を再燃させた場合には、ドイツの安全保障を一気に脅かしかねなかった。そのためビスマルクは、一八八〇年代を通じて、イギリスとの友好関係を維持するとともに、ロシアとオーストリア・ハンガリーの関係を緊迫させないように調整し続けなければならなくなったのである。

このようなときにビスマルクが依拠したのが、「領土補償」という旧態依然たる伝統的な外交手法であった。まず、パートナーであるロシアとオーストリア・ハンガリーに対しては、前者にはブルガリアを、後者にはセルビアをそれぞれの勢力圏として割り当て、両大国のそれぞれの勢力圏での政策を支援したのである。第二次三帝協定でバルカン半島に関してはベルリン条約に基づく現状維持を約束しているため、表だって何かを仕掛けることはなかったものの、もしバルカン半島で有事が発生した場合には、彼はこの構想に基づいて事態を解決しようとしたのであった。他方、イギリスに対しては、これまでのようにエジプトへの進出を積極的に後援し、その獲得を使嗾《しそう》し続けていく。

それどころか、ビスマルクは、イギリスのエジプト政策に対して示した友好・後援的姿勢を、敵対関係にあるフランスに対しても示したのである。その背景には、一八七〇年代後半から一八八〇年代前半にかけて、フランスの対外政策の関心がヨーロッパ問題にではなく、アフリカ大陸をはじめとする植民地政策に向けられたことがあった。ビスマルクはそれに便乗する形で、フランスのモロッコやチュニスへの進出を積極的に後押しし、その政策を支持した。こうしたアフリカ大陸での植民地問題をめぐって、彼は植民地政策推進派のフランス首相フェリーに接近し、限定的ではあったがある種の提携関係をフランスとの間に構築することに成功したのである。

だが、英仏両国のアフリカ大陸での植民地政策は、衝突を伴わずに済むものではなかった。その際、調停役に回ったのもビスマルクであった。一八八四年一一月一五日、ベルギー王レオポルド二世が取得したコンゴの境界線と領有をめぐる国際会議がベルリンで開かれた。このベルリン・コンゴ会議では、コンゴとその周辺地域における英仏両国の植民地・勢力圏獲得欲を巧みに利用して、両国の利害を調整しながら、双方がドイツの外交的支持を必要とする状況を作り出したのである。ちなみにこの会議では、レオポルド二世所有の「コンゴ自由国」が承認された他、コンゴ盆地での通商の自由や奴隷貿易の禁止、ニジェール川とコンゴ川における自由航行、さらには先占権を持つ国による実効支配の原則などが承認されている。

植民地政策をめぐって

こうした帝国主義的な対外進出欲にドイツも無縁ではいられなかった。帝国成立以降、海外植民地を求める声は国内で日増しに大きくなっていった。すでに見てきたように、ビスマルクは植民地も含めて新たな領土獲得には常に反対してきた。それは何よりも、列強の対独警戒心を和らげ、不必要な衝突を回避することで、ドイツの安全保障を確保するためであった。そもそも海外植民地には関心すら有していなかったのである。

ところが、ビスマルクはここへきて突如、植民地政策に着手したのである。一八八四年四月、南西アフリカ（現在のナミビア）でブレーメン商人リューデリッツが取得した土地を帝国の保護下に置いた。同年七月には、トーゴとカメルーンに対しても同様の保護宣言が出され、翌八五年二月には東アフリカの一部（現在のタンザニア、ルワンダ、ブルンジをあわせた地域）、同年五月には「カイザー・ヴィルヘルムスラント」と名付けられたニューギニア島北東部とそれに隣接するビスマルク諸島を保護領としたのである。

その後、ヴィルヘルム期になって中国の山東半島をはじめ、いくつかの海外領土・勢力圏がこれに加えられたが、第一次世界大戦まで存続するドイツの海外領土・勢力圏の大部分が、まさにビスマルク時代の、わずか一年半に満たない期間に獲得されたのである。ここに、世論が求めていた植民地帝国の夢がついに実現することになった。

それまで海外植民地の獲得に否定的で、関心すら有していなかったビスマルクが、なぜここへきて急に植民地政策に着手したのであろうか。それだけでも大きな謎であるのに、彼の植民地政策がわずか一年半に満たず、その後は再び植民地に対して関心を示さなかったために、なおさらそうであった。彼の動機をめぐってはこれまでに幾度となく歴史家たちの頭を悩ませ、様々な解釈が登場している。それは大まかにいうと、内政の要因から考察するもの（いわゆる「内政の優位」）と、主として外政面の情勢や必要性に基づいて論じるもの（いわゆる「外政の優位」）の二つに分けられる。

内政的要因を重視する研究のなかで最もインパクトがあるのが、ドイツの歴史家H・U・ヴェーラーが提唱する「社会帝国主義」論であろう。このテーゼは、国内の諸問題から目を逸らさせ、社会的緊張を覆い隠して現存の秩序を安定させるための支配術として帝国主義を見なすものである。これに基づけば、ビスマルクの植民地政策は一八七九年の保護関税政策・保守的転換と同様に、伝統的エリートの権力を維持するための戦略的手段ということになる。当時のドイツ帝国の社会構造に注目し、国内要因と結びつけて構造的にビスマルクの植民地政策を捉えたものとして、確かに興味深い指摘ではあろう。だが、この見方はどちらかというとヴィルヘルム期との構造的連続性を意識するあまり、帝政期の植民地政策の特徴を考察する上では有益ながら、植民地獲得に対するビスマルクの動機という動的部分を考察するには必ずしも適切ではない。実際、近年の研究を見ても、ヴェーラーのテーゼだけでこれを説明するものは見当たらない。

他方、外政的要因を重視する研究の代表格は、L・ガルやK・ヒルデブラントであろう。彼らが共通して重視するのは、ビスマルクの植民地政策と連動して展開されていた親仏反英政策である。これによれば、ビスマルクのねらいはフランスに接近することで海外におけるイギリスの支配に対抗する存在を作り上げることにあり、まさにヨーロッパにおける勢力均衡をグローバルな規模にまで拡大することであったという。植民地は、列強が勢力バランスをとるためのいわば「分銅」のようなものであったことになる。

　ちなみに近年有力視されている解釈は、一般に「皇太子テーゼ」と呼ばれるものである。A・T・G・リールの研究によると、ビスマルクの植民地政策は、この時期いつ起こってもおかしくなかった帝位交替を背景に行われたものであるという。第Ⅵ章ですでに見てきたように、このときヴィルヘルム一世は八七歳の高齢であり、彼の長男である皇太子フリードリヒ・ヴィルヘルムはその妃（イギリスのヴィクトリア女王の長女）と共に自由主義的な理念や政治家たちに共感を寄せており、親英的なスタンスからビスマルクと衝突しがちであった。そこで帝位交替に伴って親英的な風潮になるのを防ぐために、意図的にイギリスとの緊張関係を作り出すことで国内の親英派に打撃を与えようとしたというのである。

　意図的にイギリスとの緊張関係を作り出す必要性は、外政面でも見出すことができる。このときビスマルクは、ロシアとの友好関係を維持するためにも意図的にイギリスとの緊張関係を作り出す必要があったのである。以下、詳しく見ていこう。当時ブルガリアはロシアが最も神経を尖《とが》らせていた地域であり、かの地を治めていたブルガリア侯アレクサンダルは、ロシア皇帝の親戚筋にあたるにもかかわらず、国内ナショナリズムとロシアの威圧的な態度が作用して、反露的な姿勢を示すようになった。しかも、彼の兄と弟はイギリス王室と姻戚関係にあり、彼自身もドイツ皇太子フリードリヒ・ヴィルヘルムの次女（ヴィクトリア女王の孫にあたる）と婚約しようとしていたのである。このままではブルガリアにおけるイギリスの影響力が大きくなり、ドイツも巻き込まれてしまう。ビスマルクは自らの勢力圏構想に基づき、またこの件に自身が関与しているのではないかとのロシアの嫌疑を晴らすために、アレクサンダルの婚約を破談に至らせるのみならず、あからさまな反英政策を欲していたのである。その一環として植民地政策があったのではなかろうか。

彼の動機を特定するのは非常に困難なのだが、それが何であれ、ここで重要となるのは彼の動機ではなく、むしろ結果の方であろう。いったん植民地政策が始動すると、植民地獲得をめぐる動きは——このときドイツが獲得した植民地のほとんどが、経済的価値が乏しかったこともあって——彼の想定をはるかに超えて展開していくことになる。こうした「日のあたる場所」を求める動きは、彼が退陣した後、ヴィルヘルム二世の下での積極的な帝国主義政策、いわゆる「世界政策《ヴェルトポリティーク》」の下で箍《たが》が外れたかのように加速し、ヨーロッパ外で他の列強との衝突を繰り返すようになる。しかも、植民地行政がさらに肥大化し、右記の理由と相俟って、行政・財政両面で帝国に大きな負担をかけるようになっていくのである。

こうして見ると、内政的なものであれ外政的なものであれ、帝政期に入って培ってきたものを守るためにビスマルクが利用しようとした帝国主義的な要素は、彼の手に負えるような代物ではなかったということになろう。

東方からの危機、西方からの危機

一八八五年九月から一八八七年にかけて、ビスマルクは再び外交面で大きな危機に直面する。そのために彼は反英政策・植民地政策どころではなくなってしまい、態勢立て直しに躍起とならざるを得なかった。

事の発端は、一八七八年のベルリン条約で三分割された「大ブルガリア」の一つ、東ルメリアで一八八五年九月に発生した暴動であった。しかもブルガリア侯アレクサンダルは、列強の承認のないまま、ブルガリアと東ルメリアの合併を宣言したのである。しかもこの動きを（ブルガリア侯の兄弟がイギリス王室と姻戚関係にあり、かつ彼がロシアからの自立を求めていたため）イギリスが支持し、ロシアは先に見た理由から彼の下で「大ブルガリア」が復活するのを望まなくなっていた。翌八六年八月、ブルガリア国内で親露派によるクーデタが発生すると、彼は国外へ拉致《らち》され、そしてブルガリア侯退位へと追い込まれてしまったのである。これを機にロシアがブルガリアへ勢力を伸張しようとするのだが、オーストリア・ハンガリーがこれに反発、一八八七年七月に親墺的なザクセン＝コーブルク＝ゴータ＝コハリ家のフェルディナントがブルガリア侯に選出されると（一九〇八年にブルガリア皇帝フェルディナント一世として即位)、バルカン半島をめぐるロシアとオーストリア・ハンガリーの対立は一層激化し、ビスマルクの調停も空しく、彼が同盟システムのなかで最も重視していた第二次三帝協定が事実上崩壊してしまったのである。

このようなときに限って、フランスとの関係が険悪なものとなった。フランス首相フェリーが一八八五年に失脚すると、ビスマルクは独仏提携の足掛かりを失ってしまった。それどころか、翌八六年にはフレシネ政権の下で対独報復を唱えるブーランジェが陸相に就任したことで独仏間に緊張が走り、八七年四月のシュネーベル事件(ドイツ側からスパイの疑いをかけられたフランスの税関官吏シュネーベルがドイツ領内におびき出されて逮捕された事件)によって、それが一気に頂点に達したのである。

ちなみに、いわゆるブーランジェ危機に関しては、ビスマルクがこのとき第三次七年制軍事予算を帝国議会で通すために煽り立てた側面が非常に強いのだが、第二次三帝協定が崩壊した今となっては、緊迫化したフランスとの関係は(彼自身が最も恐れる露仏同盟を生み出しかねないためになおさら)ビスマルク外交にとって非常に重い負担となったのである。

「急場しのぎ」再び

このような事態に直面したビスマルクは、またもや「急場しのぎ」で自身の同盟網の修復

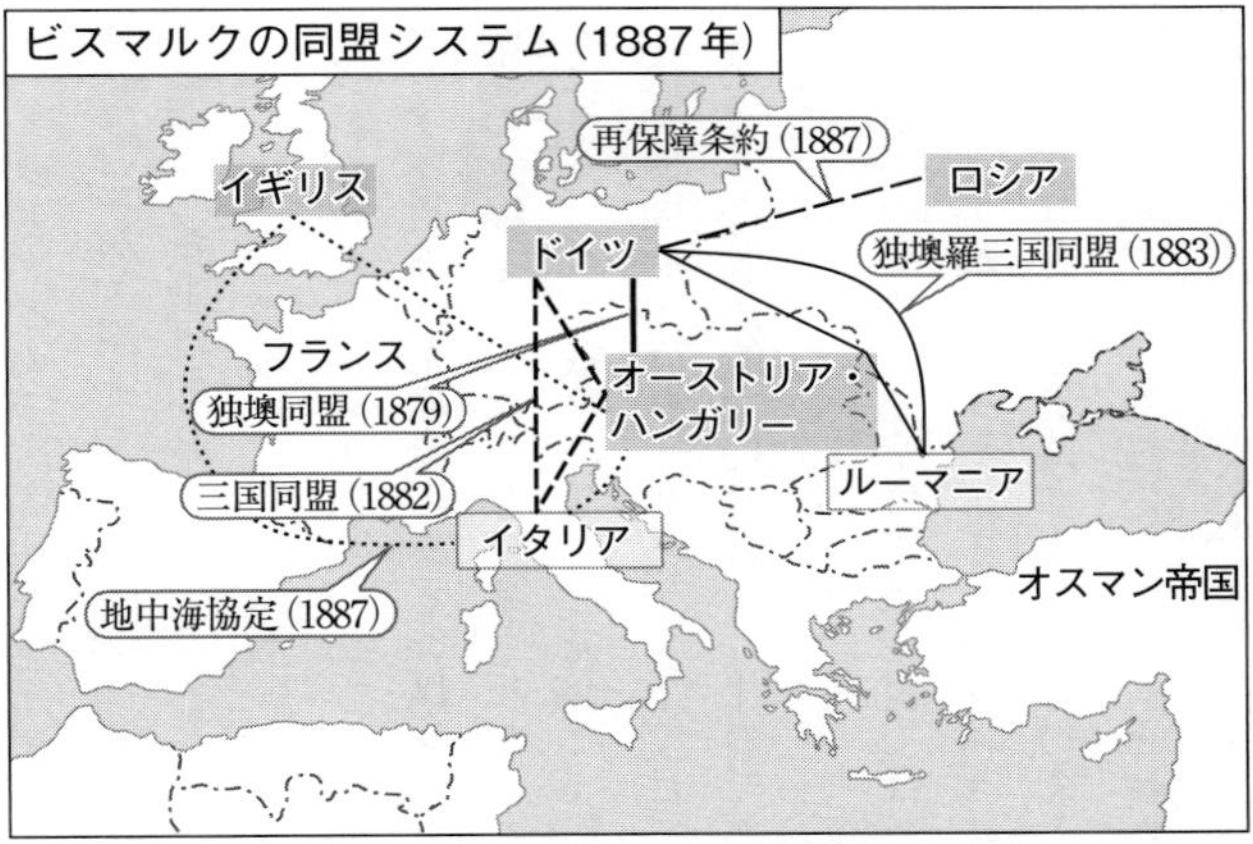

『プッツガー歴史地図 日本語版』帝国書院，2013，p.177を基に作成

に取り掛からざるを得なかった。一八八七年二月、彼はイギリスとイタリアの間で地中海協定成立を斡旋《あっせん》し、翌三月にはオーストリア・ハンガリーがそこに加わった。この協定では、三国は黒海、エーゲ海を含む地中海地域における現状維持に向けて協力していくことが約束された。しかもこの協定は同年一二月に再度成立するのだが（第二次地中海協定、もしくはオリエント三国同盟とも呼ばれる）、この第二次協定では、ロシアがブルガリアやオスマン帝国が管理するダーダネルス・ボスフォラス両海峡に進出するような場合には、それを阻止するために協力し、場合によっては武力を行使することが約束されたのである。

さらにその年の二月二〇日には、間近に期限切れを迎えるドイツ、オーストリア・ハンガリー、イタリア間の三国同盟を更新すべく、イタリアの要望（バルカン半島だけでなくアドリア海とエーゲ海を含むオリエント地方において領土変更が生じる際には、イタリアに代償を用意することなど）を受け入れて、イタリアをつなぎとめて同盟を更新することに成功した。

さらに、三帝協定に代わる形で、ビスマルクは同年六月一八日にロシアとの間に二国間秘密条約、いわゆる「再保障条約」を締結した。この条約では、オーストリア・ハンガリーがロシアを攻撃した場合、あるいはフランスがドイツを攻撃した場合には、独露両国は好意的中立の立場をとることが約束された。一般的には独露両国がオーストリア・ハンガリーもしくはフランスと戦争になった場合には好意的中立の立場をとることになるはずが、ビスマルクは独墺同盟（ロシアが攻撃した場合には相互に軍事的に支援する）との整合性を保つために、このような限定的な内容となったのである。たとえ秘密条約であったとしても、他の同盟条約に抵触しないようにするビスマルクの外交的配慮がこのあたりから垣間見えよう。

またこの条約の秘密付属議定書では、ブルガリアをロシアの勢力圏として容認するとともに、ロシアがダーダネルス・ボスフォラス両海峡に進出しなければならない状態になった場合には、ロシアを支持することも約束された。このようにしてビスマルクはロシアとの条約を通じた結びつきを続けていくことにかろうじて成功したのである。

「急場しのぎ」の果てに

こうした「急場しのぎ」の対応の結果、ヨーロッパには「ビスマルク体制」と称される国際秩序が姿を現した。それは、フランスを外交的に孤立させた、ドイツを中心とした同盟網であった。だが同時にそれは、ドイツの安全保障を確保するために同盟や協定が複雑に入り組んだ同盟システムであり、フランスを孤立させた点を除けば、ビスマルクが当初想定していたイメージとは大きくかけ離れたものであった。以前、ドイツの歴史家W・ヴィンデルバントがこの同盟システムを最初から一貫した統一的なシステムと評価したことがあったが、これに異論を唱える歴史家は数多く、今日ではすでに見てきたように、二度の三帝協定崩壊という事態に急ごしらえで対処した「急場しのぎシステム」としてビスマルクの同盟システムを評価するのが一般的である。

だが、この同盟システムでは様々な同盟や協定が複雑に入り組んでおり、それぞれの同盟や協定が整合するのかという疑問が生じる。まさにこの点がビスマルク外交研究の大きなテーマであり、先行研究において一番関心が集まったのが、ロシアとの再保障条約が絡んだ次の二つのケースであった。

一つ目は、再保障条約と第二次地中海協定である。先述のように、ビスマルクは再保障条約の秘密付属議定書においてロシアのブルガリア、さらにはダーダネルス・ボスフォラス両海峡への進出を容認し、第二次地中海協定においてバルカン半島における現状維持を支持している。両者は明らかに内容の面で抵触するのだが、第二次地中海協定にドイツが参加していないため、表面的にはかろうじて整合性が保たれている。だが、バルカン問題をめぐってロシアがイギリスとオーストリア・ハンガリーに対して戦争を起こした場合、果たしてビスマルクはどのようなスタンスをとるのだろうか。

二つ目は、再保障条約と独墺同盟である。先に見てきたように、再保障条約は独墺同盟と抵触しないように条約の文言が作成されている。ロシアがオーストリア・ハンガリーを攻撃した場合には、ドイツは独墺同盟に基づいてオーストリア・ハンガリーを軍事支援するが、その逆の場合には再保障条約に基づいてドイツはロシアに対して好意的中立を保つことになる。だが、実際にロシアとオーストリア・ハンガリーの間で戦端が開かれてしまった場合、例えばロシアが挑発してオーストリア・ハンガリーに先制攻撃させた場合、そして戦局が推移してロシアがオーストリア・ハンガリーに攻め込む事態が生じた場合、果たしてドイツはどのような立場をとるのか。

まさにこの点こそが、ビスマルク退陣後のドイツ政府首脳を悩ませた問題であり、一八九〇年に期限切れを迎える再保障条約を更新しないという判断を下す理由となったのである。だがこの判断が、ビスマルクが最も恐れていたロシアとフランスの軍事同盟を惹起することにつながったことはよく知られている。露仏同盟は、一八九四年に現実のものとなった。

果たして、実際に戦争が生じたときに、この同盟システムは機能したのだろうか。ビスマルク在任中にそのような事態に至っていないために何ともいえないが、ビスマルク退陣後に再保障条約不更新を決定するまでの外務省内のプロセスを見ていると、同盟システムが機能不全に陥ってしまい、ドイツが外交的に苦境に立たされる可能性は十分にあったと思われる。だがここで注意したいのは、この同盟システムが、実際に戦争が起こった場合を想定して築かれたのではなく、いかにして戦争を起こさせないかという抑止の論理に基づいて築かれたものであるという点である。その意味で見たときに、初めてビスマルク外交を「平和外交」と評価することが可能なのかもしれない。

ただし、いずれも秘密条約であり（独墺同盟は一八八八年に公表される）、しかもこの同盟網の全体像を把握していたのは、ビスマルクを含めてほんの一握りでしかなく、同盟システムにおけるビスマルクの真意が外務省幹部間で共有されていたかというとそうではなかった。やはり、このシステムはビスマルク並みの「術《クンスト》」がなければ、機能させるどころか、存続させることさえも不可能なものであり、結局のところ、ビスマルクあっての国際秩序でしかなかったのである。

本来彼は、領土補償という極めて伝統的な外交手法によって、列強が抱く領土・植民地獲得欲を利用しながら、五大国間の勢力均衡を保つことで、ドイツの安全保障の確保を目指していたはずであった。しかしながら、ビスマルクといえども列強の領土・植民地獲得欲を完全に統御することはできず、思わぬ形で到来した外政面での危機に対処すべく「急場しのぎ」で同盟システムを構築したのである。たとえ「急場しのぎ」であったとしても、あれだけ複雑な同盟網を瞬く間に構築した彼の外交手腕は、確かにもっと高く評価されてしかるべきであろう。だが、それは本来彼が目指していたものではなく、内政面のみならず外政面でも、彼は自身の抱くイメージを完全な形で実現させることはできなかった点を見落としてはいけない。

ビスマルクと第一次世界大戦

ビスマルクの退陣後、誰も彼の同盟システムを引き継ぐことができず、挙句の果てにはヴィルヘルム期の「世界政策」も災いして、ドイツは外交的苦境に立たされ、そして第一次世界大戦を迎えることになる。この点を踏まえ、第一次世界大戦とビスマルク外交の関連性を問う研究も少なくない。そのなかで、先に紹介したドイツの歴史家H・U・ヴェーラーとK・ヒルデブラントの主張は真っ向から対立しているといえよう。

ヴェーラーは第一次世界大戦に通じる道がすでにビスマルク時代に用意されていたと考え

ている。「内政優位」の観点に基づく彼の主張をまとめると、ビスマルクは一方で再保障条約を結び、他方で保護関税政策を強化し、ロシアの有価証券をベルリンの金融市場から締め出す措置（一八八七年のロンバート禁止令）をとった。こうしたロシアに対する裏表のある姿勢が、ビスマルク外交によって和解不能な敵と化してしまったフランスへロシアを追いやってしまい、露仏同盟を誘発してしまったと説く。こうした背景には、権威主義的な支配秩序と伝統的なエリート支配があったとして、国内が議会主義化していれば、こうした事態を招くことはなく、ひいては第一次世界大戦に道を開くことはなかったと論じるのである。

これに対して「外政優位」の観点に立つヒルデブラントは、第一次世界大戦に至る道がビスマルク時代に用意されていたという点ではヴェーラーと意見を同じくするのだが、それはビスマルクがもたらしたものではなく、むしろ彼はそれに抵抗しようとしたと論じるのである。ドイツはヨーロッパの中央部に位置するという地理的条件によって、また他方では帝国主義という新たな時代潮流によって脅かされており、ビスマルクはこれに対して、ドイツがこれ以上（植民地を含めて）領土を広げることはないという姿勢を示すのだが、世論も含めて周囲からは受け入れられず、結果としては息の短い「急場しのぎ」の同盟システム以外に選択肢はなかったという。

第一次世界大戦への道を開いた点に関しては、ヴェーラーはビスマルクを加害者として批判し、ヒルデブラントはビスマルクを（大戦争を引き起こしかねない新たな時代潮流の）被害者として弁護する。興味深いことに、両者の主張はある種の決定論的な見方に基づいて論じている点で共通している。両者の主張はもっともなのだが、思うにヴェーラーはネガティブな意味で、ヒルデブラントはそれとは逆にポジティブな意味でビスマルク神話に囚われているのではなかろうか。それにこれでは、ヴィルヘルム期の政治外交をあまりにも軽視してしまうことになりはしないだろうか。ビスマルク退陣から第一次世界大戦勃発までの期間はわずか二四年。だが、されど二四年である。ビスマルク神話から距離をとり、この期間の意味を考えながら、もう少し慎重に考察されてしかるべきであろう。

第Ⅷ章　カリスマ的存在へ——フリードリヒスルーでの晩年

Zum Charismatiker: seine letzten Lebensjahre in Friedrichsruh（1890-98）

ヴィルヘルム二世との衝突と辞任

一八九〇年三月一八日は、ドイツ史にとって大きな一日となった。この日、ビスマルクが辞表を提出し、政界を去ることになったからである（受理されたのはその二日後）。原因は、皇帝ヴィルヘルム二世との衝突にあった。

第Ⅵ章ですでに述べたように、帝国宰相の地位は帝国議会にではなく、ドイツ皇帝に依拠しており、ビスマルクが自身の権力を保つには、皇帝との関係が極めて重要なものとなってくる。ヴィルヘルム一世は、これまでに幾度となく激しく衝突することもあったが、彼にとって最大の理解者であり後援者であった。だが、一八八八年三月九日、ヴィルヘルム一世が九一歳の誕生日を目前に他界すると、皇太子フリードリヒ・ヴィルヘルムが、フリードリヒ三世として即位した。繰り返しになるが、彼はイギリスのヴィクトリア女王の長女を妃に迎えており、親英的で国内の自由主義勢力に理解を示す人物であった。そのため、ビスマルク失脚の可能性が高いと考えられていたのだが、フリードリヒ三世はこのとき喉頭癌《こうとうがん》を患っており、同年六月一五日、即位してわずか九九日後に五六歳で他界してしまう。このような経緯で、フリードリヒの長男ヴィルヘルムが二九歳の若さで皇帝に即位した。ヴィルヘルム二世である。

ビスマルク（中央）とヴィルヘルム２世（1888年10月30日）

この若き皇帝は自尊心が強く、皇帝としての自意識が過剰であり、自ら積極的に国家を統治せんとして意気揚々としていた。その一方で、老宰相はこれまでどおり、皇帝に対して自分の意見と統治スタイルを押し付けようとしていたのだから、両者が激しく衝突・対立するのは時間の問題であった。

両者の衝突が最初に顕著に見られたのは、一八八九年五月のことであった。この時期、ルール地方の炭鉱夫たちが賃金の引上げと労働条件の改善を求めてストライキを起こし、それが全国の炭鉱地帯にも拡大して、これまでにドイツが経験したことのない大ストライキに発展したのである。社会保険政策は進めるものの、企業の国際競争力低下の恐れなどから、労働時間や労働条件を規制するような労働者保護には極めて消極的であったビスマルクは、このときも労働者保護に乗り出すようなことはせず、逆にストライキをさらにエスカレートさせることで、危機管理者としての自身の存在を見せつけようとすらしていた。

これに対してヴィルヘルム二世は、炭鉱労働者の代表団を引見し、同情的な姿勢を示した。そしてビスマルクの意向を無視して翌九〇年二月には、現行の労働者保護規定の改正と労働者保護問題に関する国際会議の招集を予告する勅令（いわゆる「二月勅令」）を発したのである（この国際会議は同年三月に開催）。こうした皇帝の独自行為に対して憤懣《ふんまん》やる方ないビスマルクは、本来であれば必要なはずの帝国宰相の副署を欠いたままこの勅令を公表することで、精一杯の抵抗姿勢を示したのである。

外交政策の分野でも、二人は衝突した。第Ⅶ章でも述べたが、一八八〇年代末の独露関係は双方の関税競争やロンバート禁止令の影響もあって、再保障条約を締結したにもかかわらず（秘密条約のゆえにその存在はほとんど知られていなかったこともあって）、険悪なムードが広がっていた。しかもそのような状況下でロシアが外資を呼び込んで国内の近代化と軍備増強を進めていたため、ロシアに対する予防戦争論（相手の軍備が整わないうちに先制攻撃する考え）がドイツ国内（とりわけ参謀本部）で取沙汰《とりざた》されていた。こうした背景もあって、皇帝はロシアの動向を危惧《きぐ》していたのだが、ビスマルクは外交政策では親露姿勢を貫き通しており、予防戦争論を退けていたのである。

さらにはプロイセンの国制をめぐっても、二人は激しく衝突した。ビスマルクは一八五二年のプロイセンの官房令を持ち出して、プロイセン政府の個々の大臣が首相を経ないで国王（＝ドイツ皇帝）に意見を具申することを禁じていた。これが国内における「ビスマルク体制」の支柱の一つであったのだが、ヴィルヘルム二世はこれに激しく反発し、もっと強力に政府の職務に介入しようとしたのである。

こうした若き皇帝と老宰相の対立は、もはや修復不可能なレベルにまで達していた。このとき老宰相は七五歳になろうとしていたが、彼の皇帝に対する対決姿勢・闘争心は一向に衰えを見せてはいなかった。だが、そんなビスマルクに強烈な一撃を与えたのが一八九〇年二月二〇日の帝国議会総選挙の結果であった。その直前に、期限切れを迎えようとしている社会主義者鎮圧法を延長するに際して、ビスマルクはさらに厳しい条項（無期限立法で社会主義者を居住地から追放する権限を警察に与えるといったもの）を付け加えようとしたのだが、一八九〇年一月二五日に帝国議会で否決された。皇帝に対抗して自身の政策を推し進めるためにも、このときの総選挙では、一八八七年の総選挙以来帝国議会で多数派を形成し、ビスマルクを支えてきたカルテル三党（保守党、帝国党、国民自由党）に何としても勝ってもらいたいところであった。だが、結果は彼の思い通りにならず、三党は選挙で敗れて勢力を後退させてしまう。彼は帝国議会においても基盤を失ったのである。

事ここに至って、ビスマルクは一八九〇年三月一八日、宰相罷免《ひめん》を決意したヴィルヘルム二世に宛てて辞表を提出したのである。このなかで老宰相は——何とも彼らしいのだが——若き皇帝が現存秩序を破壊し、冒険的な政策を行おうとしていると暗に非難し、それでもって一矢報いようとしている。この辞表を受け取ったときにヴィルヘルム二世が怒りを爆発させたのか、それとも旧態依然として君臨し続けてきた強大な老宰相からの解放感に浸っていたのか、そのあたりは定かではないが、この辞表は三月二〇日に受理された。このとき皇帝は彼に「ラウエンブルク公爵」の称号と、名誉階級として「元帥権限付騎兵上級大将」を授与したのであった。二七年に及ぶプロイセン首相、一九年に及ぶドイツ帝国宰相としての彼の活動はここに幕を下ろしたのである。激動の二七年間であった。

周囲の反応

ビスマルク辞職の知らせは各国を驚かせた。当時のイギリス首相ソールズベリ卿に至っては悲痛の念を覚えるほどであったが、当時の各国に共通して見られる反応は、長年にわたってプロイセン・ドイツに君臨し、国際政治に多大な影響を及ぼした巨魁《きょかい》の退場に対して、感傷的になるというよりは、むしろこの先、一体どうなってしまうのだろうかという不安感の方であった。

だが、ドイツ国内の反応はこれとは対照的であった。国内の人々の多くはビスマルクの辞任を安堵《あんど》の気持ちで受け止めたのである。それはビスマルクの政治姿勢と少なからず関連するものであった。すでに見てきたように、ビスマルクからすれば、ドイツは新たなヨーロッパ勢力図のなかでひたすら隠忍自重し続けなければならなかった。三度の戦争を伴う帝国の成立過程とそれが引き起こした結果と反応を想起すれば、確かにそうだったかもしれない。だが、それは国際政治の観点から導き出した方針であり、必ずしも国内事情に対応したものではなかった。当時の多くの人々からすれば、常に君臨し続けるビスマルクの政治は寿命を迎えており、老宰相はすでに達成されたものを、自己の権力と共に保持し続けたい過去の人物であったのである。だからこそ、若くてモダンな印象を与えるヴィルヘルム二世に一層期待が集まった。この若き皇帝ならば、ビスマルクによって作り出された閉塞感《へいそく》を打破して、ドイツの力と威信を内外に高めてくれるであろう。彼らからすれば、これは古いしがらみからの解放、期待に胸膨らむ新たな出発なのであった。

まさに、ビスマルク時代はここに幕を下ろしたのである。

ところが、いざビスマルクが政界を引退すると、ドイツ国内の大衆は手のひらを返したかのように接するようになる。それは早速、彼がベルリンを退去する一八九〇年三月二九日に見られた。彼自身「第一級の埋葬式」（回想録より、*GW-NFA*, IV, 466）と評するように、この日駅には政府首脳や各国の外交官のみならず、彼を見送るべく数多くの大衆が押し寄せ、「ドイツの歌」（Deutschlandlied）や「ラインの守り」（Wacht am Rhein）を歌いだし、大きな盛り上がりを見せたのである。

これを機に、ドイツ中でビスマルクに対する異常なまでの崇拝が始まっていくのだが、これについては本章の最後にまとめて論じることにしたい。

引退後の政治活動

ベルリンを引き払ったビスマルクは、フリードリヒスルーに居を移して、そこで余生を過ごすことになる。だが、皇帝との衝突によって辞職に追い込まれたビスマルクが、このままおとなしく引退生活を送るわけがない。権力への未練と政敵への怨念《おんねん》とが絡み合い、彼は様々な形でドイツ政治にかかわろうとしていく。

引退後のビスマルクの政治活動の特徴は、ジャーナリズムの活用である。振り返ってみれば、彼は代議士時代には『十字章新聞』で健筆を揮《ふる》い、帝国宰相時代には政府系の『北ドイツ一般新聞』や（「目前の戦争」危機で脚光を浴びた）『ポスト』といった媒体において自身の見解を代筆・公表させることで、常にドイツの世論に働きかけてきたのだが、引退後もその手法に変わりはなかった。辞任した直後は外国の新聞記者のインタビューに積極的に応じていた彼は、『ハンブルク報知』紙（*Hamburger Nachrichten*）の政治面の編集責任者ヘルマン・ホフマンを通じて、頻繁に自身の発言を記事にさせることで、政治的発言の場を確保した。

フリードリヒスルーのビスマルク邸（1884年）

それどころか、L・ガルの表現を借りれば一種の「プロパガンダ網」を築き上げ、そこで現体制に対する批判を展開したのである。しかもかつての老宰相の発言ということで、機密事項に抵触しかねないものもあった。大衆は彼の発言に注目し、その一方でヴィルヘルム二世やその時々の政権にとってはまさに目の上の瘤《こぶ》のような存在であった。引退してもなお、ビスマルクは意趣返しで皇帝を困らせ続けたのである。

ちなみにこうした『ハンブルク報知』でのビスマルクの発言の極め付きは、一八九六年一〇月二四日付の記事であった。そこには、一八九〇年六月に期限切れで消滅していたとはいえ、付帯条項とあわせて極秘扱いであった独露再保障条約の内容の一部が記されていたのである。これによると、独露両国のいずれかが攻撃された場合には、もう一方は好意的中立を保つ旨の協定を結んでいたのだが、ビスマルクの後を継いだ帝国宰相レオ・フォン・カプリーヴィによってこの協定が更新されなかったとして、痛烈に批判している。たとえすでに消滅していたとはいえ、極秘扱いの内容がビスマルクによって口外されたとあって、その反響は極めて大きいものであった。政府首脳は相当肝を冷やしたことであろう。

さらに直接的に政治に関与する道も彼は確保した。一八九一年三月、彼は国民自由党の要請を受けてハノーファー・レーエ選挙区での帝国議会補欠選挙に出馬し、当選を果たしたのである。ここは国民自由党のかつての指導者ベニヒセンの選挙区ということもあって、ビスマルクの圧勝が予想されたのだが、結果は思うような得票数を得ることができなかった（ビスマルクは一万五四四票、対抗馬の社会民主党の立候補者は五四八六票）。そのことが影響してか、彼が帝国議会に姿を現したことは一度もなく、それ以後も再び立候補することはなかった。

だが、ビスマルクが当選して帝国議会議員になったという事実に変わりはない。『ハンブルク報知』をはじめ一連のメディアでの発言と相俟って、政界におけるビスマルクの存在感は依然として健在であり、彼を支持する者であろうと敵対する者であろうと関係なく、彼を意識せざるを得ないほどであった。

回想録『思うこと、思い出すこと』

右記のような政治活動とあわせて、彼は自身の政治活動を振り返り、回想録の執筆にも力を入れた。事のきっかけは引退直後の一八九〇年七月、コッタ社から一巻につき一〇万マルクの条件で回想録の執筆依頼を受けたことであった。回想録執筆にあたっては、彼はかつての腹心ローター・ブーハーをフリードリヒスルーに呼び寄せ、彼に口述筆記してもらう形で進められた。ブーハーはかつて一八四八年革命の折にプロイセン政府に敵対した経緯でイギリスに亡命していたのだが、ビスマルクにその才能を見込まれ、帰国後に側近として（特に外交政策の分野で）長年宰相を支えたという異色の経歴の持ち主である。

ブーハーはビスマルクの回想録の執筆にも、その才能を遺憾なく発揮した。不規則な生活リズムのビスマルクに辛抱強く耐え、持ち前の速記能力で彼の発言を記録していった。だが、二人はすぐに衝突した。ビスマルクの発言があまりにも感情的な自己主張（ときには自己弁護）に終始するあまり、史実に反することが頻繁に生じたのである。実際、ビスマルクの傍《かたわ》らで重要案件を（どちらかというと陰で）処理してきたブーハーからすれば、こうした史実の歪曲《わいきょく》は到底耐えられるものではなかった。二人の対立は、体調を崩したブーハーが暇乞いをしてフリードリヒスルーを去ったことで幕を下ろした。この一件が災いしてか、ブーハーは直後の一八九二年一〇月にこの世を去り、回想録執筆はそれ以降進展することはなかった。

こうした経緯で（当初の予定より規模を縮小した形で）完成した回想録『思うこと、思い出すこと』（当初は*Erinnerung und Gedanke*として出版されたが、後日出版社の意向もあって*Gedanken und Erinnerungen*とされ、今日に至っている）は、ビスマルクの死後一八九八年一一月に第一部にあたる最初の二巻が発売された。巨大な業績を残したビスマルクの政治的遺言ということで、瞬く間に約五〇万部が売れ、大ベストセラーとなった。

実はこの回想録は二部構成であり、第二部にあたる第三巻が「曰《いわ》くつき」であった。ビスマルクはこのなかで彼が辞職に至った経緯を述べ、自分を辞めさせたヴィルヘルム二世に対して容赦ない批判を加えたのである。そのため、第三巻はヴィルヘルム二世の治世下では出版が憚《はばか》られていたのだが、第一次世界大戦の敗北を受けて皇帝がオランダに亡命した後、一九二一年になってようやく刊行された。この回想録が、後述するビスマルクの神話化に大きな役割を果たすことになる。

ちなみに今日では、三巻にわたる彼の回想録は一冊の書物として、現在に至るまで版元を変えながら出版されている。わが国では、第三巻のみ『政局は斯くして動く』という題で一九二四年に邦訳されている。

ウィーンでの一幕

当時のドイツ政府首脳が、引退後のビスマルクをいかに警戒していたかを物語るエピソードがある。それは、一八九二年六月にウィーンで催されたビスマルクの長男ヘルベルトと、オーストリア・ハンガリーの貴族であるゲオルク・ホヨス伯の令嬢マルグリート（母方の祖父はイギリス人技師ロバート・ホワイトヘッド、彼女の弟アレクサンダーはオーストリア・ハンガリーの外交官）の結婚式に際しての一幕である。

ヘルベルトは一八八六年以降、外務長官としてビスマルクを支えてきたのだが、父親の辞任にあわせて彼も一八九〇年三月二三日に辞表を提出していた（受理はその三日後）。彼は以前ある女性と結婚しようとしたのだが、父親の猛反対を受けて泣く泣く断念したことがあった。その彼がようやく父親の眼鏡にかなう女性と結婚することになり、その挙式のためにビスマルクがウィーンを訪問することになったのである。

この動きに、ヴィルヘルム二世とドイツ政府首脳は過敏に反応した。もはや帝国宰相の地位にないとはいえ、ウィーンを訪れるビスマルクが同盟国の君主にして、長年にわたって交流のあるオーストリア皇帝フランツ・ヨーゼフを表敬訪問しないわけがない。現体制に批判的なビスマルクがその席で一体何をしゃべりだすのか、それを考えただけでも気が気ではなく、ウィーンの大衆が彼をどのように迎え入れるのか、この点も大いに気になるところであった。そのため、ヴィルヘルム二世はわざわざフランツ・ヨーゼフに対して、ビスマルクに接触しないよう要請したのである。帝国宰相カプリーヴィもウィーン駐在大使ロイス公（外交官として長年ビスマルク外交を支えてきた、ビスマルク寄りの人物の一人）に対して、ビスマルクの訪問に対して大使館は歓迎するようなことはせず、結婚式に招待されることを回避するよう指示した。そして、彼らが要請・指示したとおりに事は運んだのであった。

だが、その結果は、ドイツ皇帝や政府首脳が最も避けたかったことを引き起こしてしまった。ビスマルクは道中至る所で熱烈に歓迎され、しかも大衆は彼に同情的であった。そしてウィーンでの姑息《こそく》で冷たい仕打ちに対して彼は、地元メディアを前にドイツの現体制を痛烈に批判するとともに、反政府派として帝国議会に舞い戻るのではないかとの憶測には、明確に否定せず含みを持たせる回答をした。しかも先述したカプリーヴィのロイス公に宛てた指示が公開されると、ますますドイツ世論はビスマルクに同情的となり、それだけ一層皇帝とその政府に批判が集まったのである。

皇帝との「和解」

改善の兆しの見えないビスマルクとヴィルヘルム二世の関係に「変化」が見られたのは、

一八九四年初めのことであった。E・コルプによると、きっかけはその前年の八月末にビスマルクが湯治先で病に倒れ、命の危険に曝されたことであった。ヴィルヘルム二世の側近たちは、このまま和解が実現せずにビスマルクが死んでしまった場合、国内における皇帝の評判は一体どうなってしまうのであろうか、という点を気にしたのである。

こうして和解に向けた動きが模索された。そして一八九四年一月、ようやくそれが実現した。ビスマルクはヴィルヘルム二世の招きを受けてベルリンの宮廷を訪問し、その三週間後には答礼として皇帝をフリードリヒスルーに招き入れたのである。こうして両者の和解が実現した……かのように思われた。だが、このとき両者の間では政治的な話題には一切触れられることなく、ましてや双方の路線修正や政治的な歩み寄りなどは一切なされなかった。単に国内世論に配慮して、両者がお互いを単に訪問するだけの、上辺だけの形式的な「和解」でしかなかったということになる。

実際、それ以後も皇帝は、一見するとビスマルクに対して余裕の姿勢を示すものの、彼のビスマルクへの不信感は消え去ることはなく、ビスマルクの方もこれまでの批判的姿勢を崩そうとはしなかった。

ヨハナの死、最期のとき

こうして政界引退後も、ビスマルクはある種の執念と怨念が入り混じる形で、一向に衰えを見せぬ闘争心で精力的に活動を続けていた。だが、そのような彼を襲った最も衝撃的な出来事は、最愛の妻ヨハナの死であった。

先行研究を紐解くと、ヨハナに対する評価は大概厳しい。第I章でも触れたが、彼女は自分のライフスタイルに固執しつつ、ただひたすら献身的に夫に尽くし、その生涯を彼に捧げてきた。相手のなかに自分を見出し、そして相手を通じて初めて自分の存在意義を見出す、まさにそのような彼女の生き方こそが、ビスマルクをさらに独善的にさせ、健康を著しく損なうほどの彼の暴飲暴食を許したのではなかったか。

このような批判は確かにそのとおりなのかもしれないが、そのような女性だったからこそ、ときには自分自身を持て余すほど、激しい気性とデリケートな神経と尊大な自我の持ち主に、心からの慰めと安らぎを与えることができたのだろう。結婚した当初、ビスマルクはヨハナのことを「それなしでは生きていけない自分の一部」と評したことがあったが、それは決して誇張やお世辞などではなく、偽らざる彼の本心であり、終生そうあり続けたのである。

例えば、ヨハナが一八八七年に重い喘息《ぜんそく》にかかったとき、長男ヘルベルトが、このまま母親が亡くなるようなことがあったら「パパもすっかりダメになってしまうだろうし、この家も終わりだ」（一八八七年七月二日付義兄ランツァオ宛、H. v. Bismarck, 458）と漏らしたことがある。またビスマルク自身も一八九一年一〇月、次のように述べている。「もし彼女が神に召されれば、私はこの世に留まりたくない」（文筆家ホイットマンとの対談にて、GW, IX, 150）。ビスマルクを生涯支え続けた彼女は一八九四年一一月二七日、七〇歳でこの世を去った。遺体は、最期の地ヴァルツィーンに安置された。彼女を亡くした直後の心情を、ビスマルクは妹マルヴィーネに次のように漏らしている。

> 私に残されていたもの、それはヨハナであり、彼女との交流、彼女が日々快適に過ごすようにと願うこと、そして四八年間を振り返れば心に満ちてくる感謝の念を行為で示すことだった。だが、今ではすべてが退屈で空しい。〔……〕民衆が私に寄せてくれる過分な好意や称賛に対して、私は自分が恩知らずだと罵ってしまう。私が〔引退してからの〕四年の間それを喜んだのは、それは彼女も――私の敵に対しては貴賤《きせん》を問わず怒りつつも――喜んでくれたからだった。だが、今ではそのような火種も徐々に私のなかから消えていこうとしている。（一八九四年一二月一九日付、GW, XIV/2, 1017）

ヨハナを失った後のビスマルクは意気消沈し、フリードリヒスルーを離れることもほとんどなくなった。もちろん、持ち前の闘争心が全くなくなったわけではないのだが（先述のように、一八九六年一〇月には『ハンブルク報知』紙上に再保障条約の存在を暴露してカプリーヴィ外交を痛烈に批判したこともあった）、ヨハナを失ってから最期を迎えるまでの数年間を支配していたのは、もはや権力への執着心でもなければ政敵への怨念でもなく、回想録に見られるような史実を捻《ね》じ曲げてでも強引に行う自己正当化を除けば、L・ガルが指摘するように、諦念《ていねん》であり、孤独感であり、生きることへの倦怠《けんたい》感の方であったのである。もともと健康な方ではなかったものの、ここへきて肉体的衰えが一気に目立つようになってきた。身体を動かさなくなったこともあって血行障害（特に片足）がひどくなり、激痛に悩まされることもあった。

そして、最期の瞬間が訪れる。一八九八年七月三〇日夜、ビスマルクはこの世を去った。八三歳であった。彼の最期の言葉をめぐっては、いろいろと言い残しているため遺族のなかでも明確ではなく、先行研究を見てもこれといって定まっていない。ただ（彼を献身的に世話したからであろうか）ビスマルクが永眠する前に感謝の気持ちを伝えた相手であるヘルベルト夫人マルグリートによれば、「私のヨハナにまた会えますように」（マルグリートの手記より、OBS, A-37c）というものであった。彼の遺体はフリードリヒスルーの敷地内に安置された。今日、彼の廟堂《びょうどう》に赴くと、彼の棺の横には、彼の最期の言葉のとおり、最愛の妻ヨハナの棺がヴァルツィーンから移され、彼の傍に安置されている。彼の棺には、生前の彼からは想像できないほど控えめながら（いや、もしかしたらこちらが率直な彼の内面なのかもしれない）、彼の政治人生を端的に表した墓碑銘が刻まれている。

侯爵フォン・ビスマルク、一八一五年四月一日生まれ、一八九八年七月三〇日没。皇帝ヴィルヘルム一世の忠実な一ドイツ人臣下。Fürst von Bismarck, geb. 1. April 1815, gest. 30. Juli 1898. Ein treuer deutscher Diener Kaiser Wilhelms I.

カリスマ的存在へ——ビスマルク神話の誕生

ビスマルクがこの世を去ると、彼の回想録が刊行されたことも相俟って、ビスマルク崇拝が異様な盛り上がりを見せるようになる。だが、それはすでに彼の生前から見られるものであり、彼自身も把握していた（先に紹介した一八九四年一二月一九日の妹宛の書簡によれば、彼はこの動きを必ずしも歓迎してはいなかったようである）。その最初の表れは、先述のように一八九〇年三月二九日、政界を去ったビスマルクがベルリンを引き払う際に見せた大衆の熱狂的な見送りであった。

大衆のビスマルクへの熱狂は、老宰相の退陣に伴う刹那《せつな》的なものではなかった。一八九〇

ハンブルクのビスマルク像
（著者撮影）

年の彼の七五歳の誕生日には、雪崩のように祝賀文が彼のもとに届き、一八九五年に八〇歳の誕生日を迎えたときには（帝国議会によるビスマルク祝賀決議が中央党、自由思想家党、社会民主党などによって否決されたこともあってか）一説によると約一万通の祝電、四五万通を超えるカードが送られ、フリードリヒスルーの郵便局がこの日に限って人手を増やして何とか対応する有様であった。様々な機関や団体の代表団が相次いでフリードリヒスルーを表敬訪問し、約四五〇の都市がビスマルクを名誉市民に選出したのである。

ビスマルク亡き後のビスマルク崇拝は、先述のように異様な盛り上がりを見せていった。彼の眠るフリードリヒスルーは一種の国民的な巡礼地と化し、ドイツの至る所に彼の名前を冠した通りや広場が現れ、ビスマルクの立像や記念碑が数多く作られるようになった。

ビスマルクの立像というと、帝国議会議事堂前に設けられたもの（現在は戦勝記念塔のあるティーアガルテンに移築）に代表されるように、きまって軍服姿であり、「鉄血宰相」を彷彿とさせる、武断的な印象を与えているのだが、これが二〇世紀初頭になるとビスマルクの立像は巨大化し、あたかも超人間的な英雄の姿に変容していく。その最たる例がハンブルクに聳《そび》え立つ高さ約一五メートル（土台の部分を含めると三五メートル）にも及ぶ、中世の騎士を彷彿とさせる巨大なビスマルク像である。ここまでくると、「鉄血宰相」あるいはドイツ統一に向けて三度の戦争を主導した彼の姿しか想起できず、ドイツ帝国の安全保障を確保すべく巧みな外交政策を展開した彼の姿は見て取れない。ちなみに、ビスマルク記念碑のなかには、彼の立像の他に塔や展望台といったものも見受けられ、モダンといえば聞こえはいいかもしれないが、解説を見ないとビスマルクと結びつけるのが困難なほど抽象的なものも数多く見受けられる。

　このような武断的なイメージを前面に押し出したビスマルク崇拝は、一九一四年に第一次世界大戦が勃発すると、戦時下のドイツ国民を団結させる役割を果たすことになる。生誕一〇〇周年にあたる一九一五年には、無数の記念祭や出版物によってビスマルクはドイツの守護聖人とされた。このとき彼の武断的なイメージはさらに前面に押し出され、それは次に見る彼の帝国議会演説の一節によって強力に裏付けられたのである。

　我々ドイツ人は神を恐れるが、それ以外の何ものをも恐れない。（一八八八年二月六日の

帝国議会演説、GW, XIII, 347）

この一節のすぐ後に彼は「神への恐れから、すでに我々は平和を愛し育《はぐく》んでいるのです」と述べており、決して好戦的で独善的なスタンスをとっていたわけではない（それどころか、こうした姿勢を逆に戒めている）ことは明らかである。だが、こういった平和志向の、武断的なものとは相反する要素は、ここでは一切そぎ落とされてしまった。過激化するビスマルク崇拝は、もはや「崇拝」という言葉では片づけられない次元にまで達し、もう一人の「ビスマルク」を生み出したのであった。

このような潮流は、第一次世界大戦でドイツが敗れると一層強まり、積極的に敗戦後のドイツの大衆に受容されていく。敗戦を招いた皇帝や政府首脳に対する批判が、ビスマルクをますます際立たせ、絶対的な存在に仕立て上げたのである。第一次世界大戦中に見られた国民統合装置としてのビスマルクは、ナチ時代に至っても有効であった。第二次世界大戦が勃発する直前の一九三九年二月、完成したばかりの戦艦に彼の名前が冠されたのも、決して偶然ではない。

かくして、ビスマルクは政界を離れ、そしてこの世を離れたときにはじめて崇拝の対象となり、カリスマ的な存在となってその後のドイツに君臨し続けていったのである。H・U・

ヴェーラーはビスマルクの統治スタイルを、マックス・ヴェーバーによる支配の三類型の一つ「カリスマ的支配」として位置づけた。確かにビスマルクは「カリスマ的」な存在としてよいであろう。だが、近年の研究が明らかにするように、彼がカリスマとして崇め奉られたのは、彼が政界を離れた一八九〇年以降のことであり、しかも彼の実像とは大きくかけ離れたものであった。ここに見られるカリスマとしての「ビスマルク」は、常に軍服を着て、「鉄血宰相」を彷彿とさせる武断的で強力なリーダーシップを持ち、ドイツ・ナショナリズムを体現する天才的な政治能力を持った人物であった。それは二〇世紀ドイツの辿った激動の歴史が、まさにそうさせてしまったのであろう。

何がビスマルクを大政治家たらしめたのか

繰り返しになるが、右記のようなビスマルク像は我々にも馴染があるかもしれないが、すでに見てきたようにその実像とは多少異なる。

彼は、これまで受け継がれてきた伝統的な権益に執着する生粋のプロイセン・ユンカーであり、ドイツ・ナショナリズムからは本来はかけ離れた存在であった。プロイセン君主主義を奉じ、プロイセンを自身と重ね合わせて大国としてのプロイセンの国益を追求することで、自身の権益を守ろうとしたのである。思わぬ形でドイツ帝国を創建した後も、彼はこうした姿勢を崩すことはなかった。自身に都合のよい統治システムを構築することで、自己の権益と権力を保持しようとしたのである。

確かに、ビスマルクは「鉄血演説」に則していくかのように三度の戦争を主導した。だが、彼は最初から戦争を志向していたわけではなく、情勢の変化を巧みに利用して自身とプロイセンを取り巻く困難な状況を打開する一つの選択肢として戦争が続いたにすぎない。統一戦争期も含め、彼の一連の外交政策を丁寧に見ていけば、彼のことを武断的であったと結論付けることは到底できない。それに彼の内政外交のどれ一つとってみても、彼が当初思い描いたとおりに実現できてはいない。

このような観点から見ると、ビスマルクという人物は、自分自身を国家と同一視するほど自尊心が強く、自己の権益に固執する俗っぽい政治家のように見えてしまう。だが、それでもやはりビスマルクは一九世紀最大のドイツの政治家なのである。彼を――当時の時代潮流に鑑みて時代遅れの単なる田舎ユンカー政治家に終わらせず――そうさせたのは、次の二つの要素があったからではないかと思われる。

一つは、彼の政治手法である。彼は一九世紀前半の保守反動的な風潮の下で、議会・新聞・協会といった近代的な手段を巧みに利用して頭角を現した。しかも、オーストリアとの対立に際しては、彼は北ドイツにおけるプロイセンの覇権を確立するために、本来なら自分の対極に位置するドイツ・ナショナリズムすら目的を達成するための道具として利用した。北ドイツ連邦、さらにはドイツ帝国創建に際しては、自ら憲法を作成して立憲主義を自身に都合のよい形に作り上げた。さらに、帝政期にあってはヨーロッパにおける新たな勢力均衡を維持するために、列強が有する帝国主義的な植民地獲得欲すら利用しようとしたのである。

これらはいずれもビスマルクの政治的スタンスと完全に合致するわけではない。それでも彼はマキァベリスティックにこれらを躊躇うことなく利用したのである。だが、ナショナリズムであれ帝国主義であれ、はたまたジャーナリズムを通じた世論への働きかけであれ、彼が利用しようとしたものがすべて、彼自身の思惑通りに動くことはなく、逆にそれに自分自身が振り回されてしまう展開となることもあった。その有様は、ドイツの文豪ゲーテの有名なバラードに登場するような、自分で魔法をかけたのはいいが、その魔法を解く術を知らないがゆえに手に負えない状況へと陥ってしまう「魔法使いの弟子」と評されるほどである。彼の革新的な政治手法は、新たな可能性を生み出すと同時に、自己の手に負えないものを引き起こすという意味で、極めて危ういものでもあった。

ビスマルクを大政治家たらしめたもう一つの要素は、突如襲ってくる状況の変化に敏感に反応して対処できる政治的反射神経のよさというべきか、彼が状況の変化を極めて大胆に利用する「術《クンスト》」に長けていたということである。それは時間をかけて習得し、磨きをかけていくというような代物ではなく、どちらかといえば天性の素質といえるものであろう。ビスマルク自身も次のように述べている。

政治とは可能性が教示するものである。（一八六七年八月一一日のジャーナリスト、フリードリヒ・マイアーとの対談にて、GW, VII, 222）

政治とは大学の先生方が鼻にかけているような学問ではなく、まさに術なのであります。（一八八四年三月一五日の帝国議会演説、GW, XII, 420）

政治とは学問ではなく術であり、教わるものではなく、生まれつき持っている才能でなければならない。（一八九七年夏の対談にて、Poschinger, II, 306）

ここでいう状況の変化というもののほとんどは、ビスマルクが自ら引き起こしたものではない（自分が引き起こした変化は、そのほとんどが想定に反してマイナスの結果に終わりがちであった）。だからこそ、条件反射的に彼が繰り出す「術」がいかに優れていたかが窺えるのであり、まさにその意味でビスマルクは「政治的天才」であったのである。

ビスマルクが成し遂げたものは結局長続きせず、二〇世紀にドイツが辿った激動の歴史のなかで消え去ってしまった。それをどう評価するかをめぐっては、様々な意見があるだろうが、ビスマルクがこの世を去ってから数十年後に生じてしまった歴史的事象の決定的な原因を、彼に求めるのはいささか無理があるのではないか。歴史的に見て、彼の成し遂げたものが自身の目標とどれだけ合致していたか、それが大きく変わりつつあった当時の時代潮流にどれほど合致していたか、果たしてそれは長続きしうるものであったのか、これらは意見が分かれるところかもしれないが、ビスマルクという政治家がドイツ帝国を建国し、ドイツを中心とした国際秩序を作り上げ、ドイツとヨーロッパにおいて一時代を築いたという事実に変わりはないのである。

あとがき

ビスマルク生誕二〇〇周年を三年後に控えた二〇一二年の一月末、ご記憶の方もいらっしゃるかもしれないが、あるニュースが世界を驚かせ、本書の主人公であるビスマルクが一躍脚光を浴びることになった。ビスマルクの肉声を録音したものがアメリカで「再発見」されたのである。

事の経緯は次のとおりである。アメリカの発明王トーマス・エジソンの下で働いていたテオドール・ヴァンゲマンは一八八九年、エジソンの発明した蓄音機を実演すべくヨーロッパに赴いていた。その際彼は、著名人の肉声を精力的に録音して回っており、一〇月七日にはフリードリヒスルーを訪れ、ビスマルクの肉声を録音したのである。だが、その事実は時が経つに連れて人々の記憶から薄れてしまい、忘却の彼方に置かれてしまった。一部報道によると、一九五七年にはその所在が確認されていたようであるが、さらにその後約半世紀を経て、こうしてようやく「再発見」に至ったというわけである。今では、このニュースを瞬く間に世界中に伝えたインターネット上で、彼の肉声を聞くことができる。

実際に聞いてみた。約一分ちょっとの録音で、ノイズが激しくてよく聞き取れないところもある。前半、彼は「ラ・マルセイエーズ」をはじめ、いくつかの歌のフレーズを口ずさみ、後半では息子のために助言を残している。驚くべきは、その助言の内容もさることながら（仕事にせよ飲食にせよ何事もほどほどにしろというのだが、医者の忠告も聞かずに暴飲暴食の限りを尽くしてきた人物の発言とは思えない。だが、案外これが彼の偽らざる本心なのかもしれない）、彼の声の「高さ」であった。

これまでの研究によれば、ビスマルクの声はか細くて甲高く、男性の裏声に近い高さであったとされてきた。ところが、実際に聞いてみると、これが意外と高くないのである。もちろん声の高低の判断には個人差があるので一概に決め付けることはできないだろうが、それでも男性の裏声といえるような高さではなかった。この「再発見」は、従来のビスマルク像を覆すのに十分なものであったといえよう。

このエピソードが物語るように、従来我々が抱いてきたビスマルク像は必ずしも事実とは限らない。場合によっては「ビスマルク神話」によって生み出され、増幅されたものである可能性があることは、すでに本書で指摘したとおりである。

では、ビスマルクとは実際には一体どのような人物だったのだろうか。本書では、一時期のように彼を弁護して著しく称揚することもしなければ、徒《いたずら》に批判して弾劾することもせず、最新の研究成果を踏まえつつ、一次史料に即して実証的かつ公平に論じながら、彼の実像あるいは等身大の「素」の姿を描くべく努めてきた。ビスマルクの脱神話化を目指して、定番とされてきたものも改めて調査し、さらには、生誕地シェーンハウゼン、ヴァルツィーンの旧邸宅、そして最期の地フリードリヒスルーに直接赴いて、自分の目で確かめることもあった。

その結果、本書が辿り着いたビスマルク像は、冒頭で示した数多く存在するビスマルクを形容する表現のいずれかに彼の人物像を集約できるものではなかった。そのいくつかを退けることはできたかもしれないが、どれか一つに集約できるほど彼の生涯と業績は単純ではないからだ。本書を書き上げ、そしていざ副題をつけようとしたとき、改めてこのことを痛感した。ドイツの歴史家ニッパーダイによれば、人間が善人と悪人に二分されるのではないように、歴史の基本的な色彩は黒と白ではなく灰色であり、無限なる陰影を持つ灰色であるという。

それに擬えるのであれば、本書が示すビスマルク像は、「伝統」と「革新」という二つの要素が融合したものであり、その陰影のなかではじめて摑むことができるものであろう。彼が内抱する伝統的要素と革新的要素は、当時の時代状況においては相反するものであった。

だが、それらが「外からの刺激」を受けて巧みな「術」で整合したとき、彼は政治的な偉業を成し遂げることができた。その「術」の見事さこそ、ビスマルクを大政治家たらしめているものといえよう。

本書を担当してくださった中公新書編集部の田中正敏氏からは常日頃、この本は専門家に向けてではなく、一般の、それこそ本書を通じてビスマルクを初めて知るかもしれない読者に向けて書いてほしい、とどれほど注意されてきたか。もちろん、その「掟《おきて》」は守ってきたつもりだ。しかしながら、個人的には、本書を通じて初めてビスマルクを知ることになる一般の読者だからこそ、目新しさや奇抜さを求めるのではなく、手堅くきちんと伝えなければとの想いが強くなり、かえって複雑な様相にしてしまったかもしれない。今はただ、本書を通じてビスマルクという人物の「素」の一面、あるいはその実像の一端でも読者に伝わり、それまで抱いていたビスマルク像をアップデートしていただけたらと念じる次第である。

いずれにしても、ビスマルク生誕二〇〇年にあたる二〇一五年に、このような形でビスマルクの評伝を出すことができたのは、これまでビスマルク研究一筋でやってきた人間にとってはこの上なく幸運であった。本書が完成するまでには、国内外の数多くの方々のお世話になった。すべての方々のお名前を記すことは紙幅の都合上叶わないが、なかでも本書の生みの親であるお三方、すなわち本書の草稿を何度も読んでくださり、細かく丁寧に指導してくださった著者の恩師である大内宏一先生（早稲田大学）、本書執筆のきっかけを与えてくださり、先述した中公新書編集部の田中氏を紹介してくださった君塚直隆先生（関東学院大学）、そして多忙な日常から著者を「ビスマルクの世界」へと引き戻してくれ、叱咤《しった》激励してくださった田中氏のお名前は挙げておきたい。心より御礼申し上げる。

本書の視点となっている「伝統」と「革新」に関しては、板橋拓己先生（成蹊大学）が研究代表を務める科学研究費補助金の研究会「ドイツ政治外交史像の再検討——『伝統』と『革新』の視角から」から拝借したものである。ここでの討論からいろいろな示唆を頂戴することができた。

ビスマルク財団（Otto-von-Bismarck-Stiftung）の理事にして、ボン大学留学時代の恩師でもあるウルリヒ・ラッペンキューパー先生（Prof. Dr. Ulrich Lappenküper）には、フリードリヒスルーでの史料調査をはじめ、本書を執筆する上で大変お世話になった。ビスマルクの生誕地シェーンハウゼンを訪れた際には、同じくビスマルク財団のアンドレア・ホップ女史（Dr. Andrea Hopp）に、ポーランドのヴァルツィノにある旧ビスマルク邸（現在は林業学校 Technikum Leśne w Warcinie の校舎として使用されている）を訪れた際には、校長のピョートル・マンカ先生（Piotr Mańka）にいろいろと案内してもらうなど、大変お世話になった。ここに厚く御礼申し上げたい。なお、マンカ先生におかれては、二〇一四年九月に他界されたとのこと、ここに心から哀悼《あいとう》の意を表したい。

ドイツ外交史料の閲覧・複写などに関しては、ドイツ外務省文書館のゲルハルト・カイパー博士（Dr. Gerhard Keiper）にお世話になった。文書館スタッフの方々にも御礼申し上げる。

そして最後に、著者の研究活動をいつも支えてくれている妻をはじめ家族に感謝したい。

二〇一五年一月　ビスマルク生誕二〇〇周年の年頭に

飯田洋介

in idem, *Gestalten und Probleme der Außenpolitik, Reden und Aufsätze zu vier Jahrhunderten*, Berlin/Essen/Leipzig: Essener Verlagsanstalt 1937, 127–155.
Windelband, Wolfgang, *Bismarck und die europäischen Großmächte 1879–1885*, Essen: Essener Verlagsanstalt 1940.
Wolter, Heinz, *Bismarcks Außenpolitik 1871–1881*, Berlin（Ost）: Akademie-Verlag 1983.

◉邦語文献

飯田洋介『ビスマルクと大英帝国——伝統的外交手法の可能性と限界』勁草書房 2010.
飯田芳弘『想像のドイツ帝国——統一の時代における国民形成と連邦国家建設』東京大学出版会 2013.
大内宏一『ビスマルク時代のドイツ自由主義』彩流社 2014.
鹿島守之助『ビスマルクの平和政策』（『日本外交史』別巻１）鹿島研究所出版会 1971〔1939〕.
木谷勤『ドイツ第二帝制史研究——「上からの革命」から帝国主義へ』青木書店 1977.
君塚直隆『近代ヨーロッパ国際政治史』有斐閣 2010.
木村靖二編『ドイツ史』（新版世界各国史13）山川出版社 2001.
葛谷彩『20世紀ドイツの国際政治思想——文明論・リアリズム・グローバリゼーション』南窓社 2005.
坂井榮八郎『ドイツ史10講』岩波新書 2003.
田中友次郎『ビスマルクの研究』出版東京 1984.
田中直吉『獨逸外交史論』第１巻 立命館出版部 1940.
成瀬治／山田欣吾／木村靖二編『ドイツ史』（世界歴史大系 全３巻）山川出版社 1996–97.
林健太郎『プロイセン・ドイツ史研究』東京大学出版会 1977.
細谷雄一『国際秩序——18世紀ヨーロッパから21世紀アジアへ』中公新書 2012.
益田実／小川浩之編著『欧米政治外交史 1871～2012』ミネルヴァ書房 2013.
松本佐保『バチカン近現代史——ローマ教皇たちの「近代」との格闘』中公新書 2013.
三宅正樹／石津朋之／新谷卓／中島浩貴編著『ドイツ史と戦争——「軍事史」と「戦争史」』彩流社 2011.
望田幸男『ドイツ統一戦争——ビスマルクとモルトケ』教育社歴史新書 1979.

Göttingen: Vandenhoeck & Ruprecht 1991.
Kohl, Horst, *Bismarck-Regesten*, 2 Bde., Leipzig: Rengersche Buchhandlung 1891-92.
Kumpf-Korfes, Sigrid, *Bismarcks „Draht nach Rußland". Zum Problem der sozialökonomischen Hintergründe der russisch-deutschen Entfremdung im Zeitraum von 1878 bis 1891*, Berlin (Ost): Akademie-Verlag 1968.
Lappenküper, Ulrich, *Die Mission Radowitz. Untersuchungen zur Rußlandpolitik Otto von Bismarcks (1871-1875)*, Göttingen: Vandenhoeck & Ruprecht 1990.
Lenz, Max, *Geschichte Bismarcks*, München: Duncker & Humblot 19134.
Meyer, Arnold Oskar, *Bismarcks Kampf mit Österreich 1851-1859*, Berlin/Leipzig: K. F. Koeler 1927.
Mommsen, Wilhelm, „Zur Beurteilung der Deutschen Einheitsbewegung", in *Historische Zeitschrift* 138 (1928), 523-543.
Nipperdey, Thomas, *Deutsche Geschichte 1815-1866*, München: C. H. Beck 1998.
Nipperdey, Thomas, *Deutsche Geschichte 1866-1918*, 2 Bde., München: C. H. Beck 1998.
Noack, Ulrich, *Bismarcks Friedenspolitik und das Problem des deutschen Machtverfalls*, Leipzig: Quelle & Meyer 1928.
Orloff, Nikolai, *Bismarck und die Fürstin Orloff. Ein Idyll in der hohen Politik*, München: C. H. Beck 1936.
Pröve, Ralf, *Militär, Staat und Gesellschaft im 19. Jahrhundert* (EDG), München: R. Ordenbourg 2006. 阪口修平監訳，丸畠宏太／鈴木直志訳『19 世紀ドイツの軍隊・国家・社会』創元社 2010.
Riehl, Axel T. G., *Der„Tanz um den Äquator". Bismarcks antienglische Kolonialpolitik und die Erwartung des Thronwechsels in Deutschland 1883 bis 1885*, Berlin: Duncker & Humblot 1993.
Sempell, Charlotte, „Unbekannte Briefstellen Bismarcks", in *Historische Zeitschrift* 207 (1968), 609-616.
Stern, Fritz, *Gold and Iron. Bismarck, Bleichröder, and the Building of the German Empire*, London: George Allen & Unwin 1977.
Studt, Christoph, *Lothar Bucher (1817-1892). Ein politisches Leben zwischen Revolution und Staatsdienst*, Göttingen: Vandenhoeck & Ruprecht 1992.
Thies, Jochen, *Die Bismarcks. Eine deutsche Dynastie*, München/Zürich: Piper 2013.
Ullmann, Hans-Peter, *Politik im deutschen Kaiserreich 1871-1918* (EDG), München: R. Oldenbourg 1999.
Wehler, Hans-Ulrich, *Bismarck und der Imperialismus*, Köln: Kiepenheuer & Witsch 1969.
Wehler, Hans-Ulrich, *Das Deutsche Kaiserreich 1871-1918*, Göttingen: Vandenhoeck & Ruprecht 1973. 大野英二／肥前榮一訳『ドイツ帝国 1871－1918 年』未来社 1983.
Wertheimer, Eduard von, *Bismarck im politischen Kampf*, Berlin: R, Hobbing 1930.
Winckler, Martin, *Bismarcks Bündnispolitik und das europäische Gleichgewicht*, Stuttgart: W. Kohlhammer 1964.
Windelband, Wolfgang, „Die Einheitlichkeit von Bismarcks Außenpolitik seit 1871",

Waller, Bruce, *Bismarck*, Oxford/Malden (MA): Blackwell 1997[2].
大内宏一『ビスマルク――ドイツ帝国の建国者』(世界史リブレット人シリーズ)山川出版社 2013.
加納邦光『ビスマルク』清水書院(人と思想)2001.
信夫淳平『ビスマルク伝』改造社 1932.
鶴見祐輔『ビスマーク』大日本雄弁会講談社 1935.

●欧語文献

Althammer, Beate, *Das Bismarckreich 1871-1890*, Paderborn/München/Wien/Zürich: F. Schöningh 2009.
Baumgart, Winfried, *Europäisches Konzert und nationale Bewegung. Internationale Beziehungen 1830-1878*, Paderborn/München/Wien/Zürich: F. Schöningh 1999.
Becker, Otto, *Bismarcks Ringen um Deutschlands Gestaltung*, hrsg. u. ergänzt von Alexander Scharff, Heidelberg: Quelle & Meyer 1958.
Born, Karl Erich (Hrsg.), *Bismarck-Bibliographie. Quellen und Literatur zur Geschichte Bismarcks und seiner Zeit*, Köln/Berlin: Grote 1966.
Bußmsnn, Walter, *Das Zeitalter Bismarcks 1852-1890* (Handbuch der Deutschen Geschichte, III/2), Frankfurt (M): Akademische Verlagsgesellschaft Athenaion 1968[4].
Canis, Konrad, *Bismarcks Außenpolitik 1870 bis 1890*, Paderborn/München/Wien/Zürich: F. Schöningh 2004.
Dehio, Ludwig, „Ranke und der deutsche Imperialismus", in *Historische Zeitschrift* 170 (1950), 307-328.
Gall, Lothar (Hrsg.), *Das Bismarck-Problem in der Geschichtsschreibung nach 1945*, Köln/Berlin: Kiepenheuer & Witsch 1971.
Gerwarth, Robert, *The Bismarck Myth. Weimar Germany and the Legacy of the Iron Chancellor*, Oxford: University Press 2005.
Grypa, Dietmar, *Der Diplomatische Dienst des Königreichs Preußen (1815-1866). Institutioneller Aufbau und soziale Zusammensetzung*, Berlin: Duncker & Humblot 2008.
Hampe, Karl-Alexander, „Neues zum Kissinger Diktat Bismarcks von 1877", in *Historisches Jahrbuch* 108 (1988), 204-212.
Heidenreich, Bernd/Kraus, Hans-Christof/Kroll, Frank-Lothar (Hrsg.), *Bismarck und die Deutschen*, Berlin: Berliner Wissenschafts-Verlag 2005.
Hildebrand, Klaus, *Deutsche Außenpolitik 1871-1918* (EDG), München: R. Ordenbourg 2008[3].
Hildebrand, Klaus, *Das vergangene Reich. Deutsche Außenpolitik von Bismarck bis Hitler 1871-1945*, Stuttgart: Deutsche Verlags-Anstalt 1996[2].
Hillgruber, Andreas, *Bismarcks Außenpolitik*, Freiburg: Rombach 1972.
Huber, Ernst Rudolf, *Deutsche Verfassungsgeschichte seit 1789*, 8 Bde., Stuttgart: W. Kohlhammer 1957-90.
Kaernbach, Andreas, *Bismarcks Konzepte zur Reform des Deutschen Bundes*,

Union Deutsche Verlagsgesellschaft 1913–14.
Keudell, Robert von, *Fürst und Fürstin Bismarck. Erinnerungen aus den Jahren 1846 bis 1872*, Berlin/Stuttgart: W. Spemann 1901.
Motley, John Lothrop, *Morton's Hope, or the Memoirs of a Provincial*, 2 vols., New York: Harper & Brothers 1839.
Saburov, Petr A., *The Saburov Memoirs, or Bismarck & Russia. Being Fresh Light on the League of the Three Emperors 1881*, ed. by J. Y. Simpson, Cambridge: Cambridge University Press 1929.

◉主なビスマルクの評伝

Engelberg, Ernst, *Bismarck*, 2 Bde., Berlin: Siedler 1985/90. 野村美紀子訳『ビスマルク――生粋のプロイセン人・帝国創建の父』海鳴社 1996（邦訳は第1巻のみ).
Engelberg, Ernst, *Bismarck. Sturm über Europa*, hrsg. und bearb. von Achim Engelberg, Berlin/München: Siedler 2014.
Eyck, Eirch, *Bismarck. Leben und Werk*, 3 Bde., Erlenbach/Zürich: Eugen Rentsch 1941–44. 救仁郷繁他訳『ビスマルク伝』（全8巻）ぺりかん社 1993–99.
Feuchtwanger, Edgar, *Bismarck. A political history*, London/New York: Routledge 2014².
Gall, Lothar, *Bismarck. Der weiße Revolutionär*, Frankfurt (M)/Berlin/Wien: Propyläen 1980. 大内宏一訳『ビスマルク――白色革命家』創文社 1988.
Hillgruber, Andreas, *Otto von Bismarck. Gründer der europäischen Großmacht Deutsches Reich*, Göttingen/Zürich/Frankfurt (M): Musterschmidt 1978.
Kolb, Eberhard, *Bismarck*, München: C. H. Beck 2009.
Krochkow, Christian Graf von, *Bismarck. Eine Biographie*, München: Deutscher Taschenbuch Verlag 2000.
Marcks, Erich, *Bismarck. Eine Biographie 1815–1851*, Stuttgart/Berlin: Deutsche Verlags-Anstalt 1939.
Meyer, Arnold Oskar, *Bismarck. Der Mensch und der Staatsmann*, Stuttgart: K. F. Koehler 1949.
Mommsen, Wilhelm, *Bismarck. Ein politisches Lebensbild*, München: F. Bruckmann 1959.
Palmer, Alan, *Otto von Bismarck. Eine Biographie*, Düsseldorf: Classen 1976 (Original: *Bismarck*, London: Weidenfeld & Nicolson 1976).
Pflanze, Otto, *Bismarck and the Development of Germany*, 3 vols., Princeton (NJ): Princeton University Press 1990.
Richter, Werner, *Bismarck*, Frankfurt (M): S. Fischer 1962.
Schmidt, Rainer F., *Otto von Bismarck (1815–1898). Realpolitik und Revolution*, Stuttgart: W. Kohlhammer 2004.
Steinberg, Jonathan, *Bismarck. A Life*, Oxford/New York: Oxford University Press 2011. 小原淳訳『ビスマルク』（全2巻）白水社 2013.
Taylor, A. J. P., *Bismarck. The Man and the Statesman*, London: Hamilton 1955.
Ullrich, Volker, *Otto von Bismarck*, Reinbek bei Hamburg: Rowohlt 2008⁴.

参考文献一覧

（本書執筆に際して主に参照したものに限る）

◉文書館史料

Otto-von-Bismarck-Stiftung, Friedrichsruh（ビスマルク財団，本書ではOBSと略）

Politisches Archiv des Auswärtigen Amtes, Berlin（ドイツ外務省文書館，本書ではPA-AAと略）

◉ビスマルクに関する刊行史料集

Bismarck, Otto von, *Gedanken und Erinnerungen*, 3 Bde., Stuttgart: J. G. Cotta 1898/1921（回想録は下記の*GW*の第15巻，*GW-NFA*の第Ⅳ部に収録）．定金右源二訳『政局は斯くして動く』大日本文明協会 1924（邦訳は第３巻のみ）．

Bismarck, Otto von, *Die gesammelten Werke*, bearb. von Herman von Petersdorff et al., 15（in 19）Bde., Berlin: O. Stollberg et al. 1924–35（本書では*GW*と略）．

Bismarck, Otto von, *Gesammelte Werke. Neue Friedrichsruher Ausgabe*, hrsg. von Holger Afflerbach et al., Paderborn/München/Wien/Zürich: F. Schöningh 2004–（2023年４月現在，第Ⅲ部９巻と第Ⅳ部１巻が先行して刊行中，本書では*GW-NFA*と略）．

Bismarck, Otto von, *Werke in Auswahl*, hrsg. von Gustav Adolf Rein et al., 8（in 9）Bde., Darmstadt: Wissenschaftliche Buchgesellschaft 1962–83.

Poschinger, Heinrich von（Hrsg.）, *Fürst Bismarck. Neue Tischgespräche und Interviews*, 2 Bde., Stuttgart/Leipzig/Berlin/Wien: Deutsche Verlags-Anstalt 1895.

◉政府系刊行史料集

Die auswärtige Politik Preußens 1858-1871. Diplomatische Aktenstücke, hrsg. von der Historischen Reichskommission unter Leitung von Erich Brandenburg et al., Oldenburg: G. Stalling 1932–（全12巻中第11巻と第12巻が未刊，第７巻はBerlin: Duncker & Humblotより 2008年に刊行，本書では*APP*と略）．

Die Große Politik der europäischen Kabinette 1871–1914. Sammlung der diplomatischen Akten des Auswärtigen Amtes, hrsg. von Johannes Lepsius et al., 40（in 54）Bde., Berlin: Deutsche Verlagsgesellschaft für Politik und Geschichte 1922–27.

◉周辺人物の日記・書簡・回想録等

Bismarck, Herbert von, *Staatssekretär Graf Herbert von Bismarck. Aus seiner politischen Privatkorrespondenz*, hrsg. von Walter Bußmann, Göttingen: Vandenhoeck & Ruprecht 1964.

Gerlach, Leopold von, *Briefe des Generals Leopold von Gerlach an Otto von Bismarck*, hrsg. von Horst Kohl, Stuttgart/Berlin: J. G. Cotta'sche Buchhandlung Nachfolger 1912.

Hofmann, Hermann, *Fürst Bismarck 1890-1898*, 3 Bde., Stuttgart/Berlin/Leipzig:

1890		2月20日　帝国議会総選挙→カルテル三党敗北
		3月18日　辞表提出（3月20日に受理）
		3月20日　「ラウエンブルク公爵」の称号と「元帥権限付騎兵上級大将」を授与される
1891	76	4月30日　帝国議会議員（～1893年6月）
1892	77	6月　ヘルベルトの結婚式のためウィーン訪問
1894	78	1月　ヴィルヘルム2世との「和解」
	79	11月27日　妻ヨハナ死去
1898	83	7月30日　フリードリヒスルーにて死去

主要図版出典一覧

Otto-von-Bismarck-Stiftung, Friedrichsruh. ii, 23, 151, 215, 221
Politisches Archiv des Auswärtigen Amtes, R. 11674. 143
E.Engelberg, *Bismarck. Urpreuße und Reichsgründer*, Berlin: Siedler 1998. 29, 71
L. Gall/K.-H. Jürgens, *Bismarck. Lebensbilder*, Bergisch Gladbach: G. Lübbe 1990. 23, 85, 165, 221

1871		1月18日　ヴェルサイユ宮殿でのドイツ皇帝即位宣言式
		2月26日　（独仏戦争）ヴェルサイユ仮講和条約締結
		3月21日　侯爵に叙される
	56	4月16日　ドイツ帝国憲法成立
		5月4日　ドイツ帝国宰相に就任
		5月10日　（独仏戦争）フランクフルト講和条約締結
		6月24日　フリードリヒスルーを褒賞として授与される
1872		「文化闘争」本格化
	57	12月21日　プロイセン首相退陣→ローンが首相に就任
1873	58	5月11～14日　プロイセン5月諸法成立
		10月22日　三帝協定成立
		11月19日　プロイセン首相に再任
1874	59	4月20日　帝国議会にて7年制軍事予算成立
1875	60	4～5月　「目前の戦争」危機
1878	63	5月11日　ヘーデルによるヴィルヘルム1世暗殺未遂事件
		6月2日　ノビリングによるヴィルヘルム1世暗殺未遂事件→帝国議会解散
		6月13日　ベルリン会議開幕（～7月13日）
		10月21日　社会主義者鎮圧法成立
1879	64	7月12日　保護関税法成立
		10月7日　独墺同盟条約締結
1880	65	8月23日　プロイセン商務相を兼任
1881	66	6月18日　第二次三帝協定締結
1882	67	5月20日　独墺伊三国同盟条約締結
1883	68	6月15日　疾病保険法成立
		10月30日　独墺羅三国同盟成立
1884	69	4月24日　植民地政策に着手（～85年）
		7月6日　労災保険法成立
		11月15日　ベルリン・コンゴ会議（～85年2月26日）
1887	71	1月14日　帝国議会解散→総選挙（2月下旬）カルテル三党勝利
		2月12日　英伊地中海協定成立（3月24日に墺加盟）
	72	6月18日　独露再保障条約締結
		11月10日　ロンバート禁止令
		12月12・16日　第二次地中海協定成立
1888		3月9日　ヴィルヘルム1世死去→フリードリヒ3世即位
	73	6月15日　フリードリヒ3世死去→ヴィルヘルム2世即位
1889	74	6月22日　老齢廃疾保険法成立

1858	43	10月7日　王弟ヴィルヘルム摂政就任（「新時代」到来）
1859		1月29日　ペテルブルク駐在公使に転任
	44	4月　イタリア統一戦争勃発
1861	45	1月2日　フリードリヒ・ヴィルヘルム4世死去→ヴィルヘルム1世即位
1862	47	5月22日　パリ駐在公使に転任
		9月23日　暫定首相就任→10月8日，首相兼外相に正式に就任
		9月30日　プロイセン下院予算委員会での「鉄血演説」
1863		2月8日　アルヴェンスレーベン協定
	48	6月1日　出版令制定
		8月　オーストリアからの「諸侯会議」招請をめぐる対応
1864		2月1日　デンマーク戦争勃発
	49	8月1日　（デンマーク戦争）ウィーン仮講和条約締結
		10月30日　ウィーン講和条約締結
1865	50	8月14日　ガスタイン協定締結
		9月15日　伯爵に叙される
		10月　ナポレオン3世とビアリッツで会談
1866	51	5月7日　コーエン＝ブリントによる襲撃事件
		6月　普墺戦争勃発
		7月3日　（普墺戦争）ケーニヒグレーツ（ザドヴァ）の戦い
		7月26日　（普墺戦争）ニコルスブルク仮講和条約締結
		8月23日　（普墺戦争）プラハ条約締結
		9月3日　プロイセン下院で事後承諾法可決
		9月7日　プロイセン下院で併合法可決
1867		3月末～　ルクセンブルク危機
	52	4月16日　北ドイツ連邦憲法成立
		4月23日　恩賜金でヴァルツィーンを購入
		5月7日　ロンドン会議→ルクセンブルク危機終息
		7月14日　北ドイツ連邦宰相に就任
1868		2月　ドイツ関税同盟議会選挙
1870	55	6月　スペイン王位継承問題でホーエンツォレルン＝ジークマリンゲン家世子レオポルトが王位受諾を表明→7月6日，フランスが猛抗議
		7月13日　「エムス電報」
		7月19日　独仏戦争勃発
		9月2日　スダン（セダン）の戦いでナポレオン3世降伏
		11月　南ドイツ諸邦が北ドイツ連邦に加盟

ビスマルク年譜

西暦	年齢	主な出来事
1815		4月1日　シェーンハウゼンにて誕生（父フェルディナント と母ヴィルヘルミーネの第四子として）
1816		一家でクニープホーフに引越し
1822	6	1月　ベルリンのプラーマン寄宿学校に入学
1827	12	9月　フリードリヒ・ヴィルヘルム・ギムナジウム入学
1830	15	グラウエン・クロスター・ギムナジウムに転学
1832	17	5月　ゲッティンゲン大学入学
1833	18	9月　ベルリン大学に転学
1835	20	5月22日　第一次国家試験受験→合格
		ベルリン裁判所に勤務
1836	21	6月30日　第二次国家試験受験→合格
		アーヘン県庁に勤務
1837	22	9月　ポツダム県庁に転勤
1838	23	3月　一年志願兵勤務（～39年）
1839		ユンカーに転進
1846	31	12月2日　エルベ川堤防監督
1847		1月12日　ヨハナ・フォン・プトカマーと婚約
	32	5月　プロイセン連合州議会議員に補欠選出
		7月28日　ヨハナ・フォン・プトカマーと結婚
1848		3月18日　ベルリンで三月革命勃発
	33	8月18／19日　「ユンカー議会」開催
		8月21日　長女マリー誕生
1849		2月　プロイセン下院議員（～1851年5月）
	34	12月28日　長男ヘルベルト誕生
1850		3～4月　エルフルト「連合」議会議員
	35	12月3日　プロイセン下院にて「オルミュッツ演説」
1851	36	5月8日　ドイツ連邦議会プロイセン代表に就任→7月，正式に公使に就任
1852	37	8月1日　次男ヴィルヘルム誕生
1853	38	10月　ロシアとオスマン帝国が交戦→クリミア戦争に発展
1854	39	4月25日　プロイセン枢密顧問官に選出
1855		プロイセン上院議員に選出
1856		3月30日　（クリミア戦争）パリ条約締結
	41	4月26日　「大報告書」作成

飯田洋介（いいだ・ようすけ）

1977年茨城県生まれ．2000年，早稲田大学第一文学部卒業．08年，早稲田大学大学院文学研究科博士後期課程修了．博士（文学）．早稲田大学文学学術院助手，岡山大学大学院教育学研究科講師，同准教授を経て，21年より駒澤大学文学部歴史学科准教授，22年より同教授．
著書『ビスマルクと大英帝国』（勁草書房，2010）
『ヨーロッパ・エリートの支配と政治文化』（共著，成文堂，2010）
『欧州政治外交史 1871～2012』（共著，ミネルヴァ書房，2013）
『歴史のなかのドイツ外交』（共著，吉田書店，2019）
『グローバル・ヒストリーとしての独仏戦争』（NHK出版，2021）
『国際平和を歴史的に考える』（共編著，山川出版社，2022）
ほか

ビスマルク
中公新書 2304

2015年1月25日初版
2023年4月30日3版

著　者　飯田洋介
発行者　安部順一

本文印刷　暁印刷
カバー印刷　大熊整美堂
製　本　小泉製本

発行所　中央公論新社
〒100-8152
東京都千代田区大手町1-7-1
電話　販売 03-5299-1730
　　　編集 03-5299-1830
URL https://www.chuko.co.jp/

Published by CHUOKORON-SHINSHA, INC.
Printed in Japan　ISBN978-4-12-102304-9 C1223

中公新書

世界史

e2

1045 物語 イタリアの歴史 藤沢道郎
1771 物語 イタリアの歴史Ⅱ 藤沢道郎
2595 ビザンツ帝国 中谷功治
2663 物語 イスタンブールの歴史 宮下遼
2152 物語 近現代ギリシャの歴史 村田奈々子
2440 バルカン―「ヨーロッパの火薬庫」の歴史 M・マゾワー 井上廣美訳
1635 物語 スペインの歴史 岩根圀和
1750 物語 スペインの歴史 人物篇 岩根圀和
1564 物語 カタルーニャの歴史(増補版) 田澤耕
2582 百年戦争 佐藤猛
2658 物語 パリの歴史 福井憲彦
1963 物語 フランス革命 安達正勝
2286 マリー・アントワネット 安達正勝
2529 ナポレオン四代 野村啓介
2318 2319 物語 イギリスの歴史(上下) 君塚直隆

2696 物語 スコットランドの歴史 中村隆文
2167 イギリス帝国の歴史 秋田茂
1916 ヴィクトリア女王 君塚直隆
1215 物語 アイルランドの歴史 波多野裕造
1420 物語 ドイツの歴史 阿部謹也
2304 ビスマルク 飯田洋介
2490 ヴィルヘルム2世 竹中亨
2583 鉄道のドイツ史 鴋澤歩
2546 物語 オーストリアの歴史 山之内克子
2434 物語 オランダの歴史 桜田美津夫
2279 物語 ベルギーの歴史 松尾秀哉
1838 物語 チェコの歴史 薩摩秀登
2445 物語 ポーランドの歴史 渡辺克義
1131 物語 北欧の歴史 武田龍夫
2456 物語 フィンランドの歴史 石野裕子
1758 物語 バルト三国の歴史 志摩園子
1655 物語 ウクライナの歴史 黒川祐次

1042 物語 アメリカの歴史 猿谷要
2209 アメリカ黒人の歴史 上杉忍
2623 古代マヤ文明 鈴木真太郎
1437 物語 ラテン・アメリカの歴史 増田義郎
1935 物語 メキシコの歴史 大垣貴志郎
2545 物語 ナイジェリアの歴史 島田周平
2741 物語 オーストラリアの歴史(新版) 竹田いさみ 永野隆行
1644 ハワイの歴史と文化 矢口祐人
2561 キリスト教と死 指昭博
2442 海賊の世界史 桃井治郎
518 刑吏の社会史 阿部謹也